TRANZLATY

La Langue est pour tout le Monde

Мова для всіх

L'appel de la forêt

Поклик дикої природи

Jack London
Джек Лондон

Français / Українська

Copyright © 2025 Tranzlaty
All rights reserved
Published by Tranzlaty
ISBN: 978-1-80572-819-1
Original text by Jack London
The Call of the Wild
First published in 1903
www.tranzlaty.com

Dans le primitif
У первісну епоху

Buck ne lisait pas les journaux/
Бак не читав газет.
S'il avait lu les journaux, il aurait su que des problèmes se préparaient.
Якби він читав газети, то знав би, що назрівають проблеми.
Il y avait des problèmes non seulement pour lui-même, mais pour tous les chiens de la marée.
Це були проблеми не лише для нього самого, а й для кожного собаки, що мешкає на припливній воді.
Tout chien musclé et aux poils longs et chauds allait avoir des ennuis.
Кожен собака, міцний, м'язистий та з довгою теплою шерстю, мав би потрапити в халепу.
De Puget Bay à San Diego, aucun chien ne pouvait échapper à ce qui allait arriver.
Від П'юджет-Бей до Сан-Дієго жоден собака не міг уникнути того, що мало статися.
Des hommes, tâtonnant dans l'obscurité de l'Arctique, avaient trouvé un métal jaune.
Чоловіки, навпомацки блукаючи в арктичній темряві, знайшли жовтий метал.
Les compagnies de navigation et de transport étaient à la recherche de cette découverte.
Пароплавні та транспортні компанії полювали на це відкриття.
Des milliers d'hommes se précipitaient vers le Nord.
Тисячі чоловіків поспішали на Північ.
Ces hommes voulaient des chiens, et les chiens qu'ils voulaient étaient des chiens lourds.
Ці чоловіки хотіли собак, і собаки, які вони хотіли, були важкими собаками.
Chiens dotés de muscles puissants pour travailler.

Собаки з сильними м'язами, за допомогою яких можна наполегливо працювати.
Chiens avec des manteaux de fourrure pour les protéger du gel.
Собаки з пухнастою шерстю, щоб захистити їх від морозу.

Buck vivait dans une grande maison dans la vallée ensoleillée de Santa Clara.
Бак жив у великому будинку в сонячній долині Санта-Клара.
La maison du juge Miller s'appelait ainsi.
Будинок судді Міллера, так його називали.
Sa maison se trouvait en retrait de la route, à moitié cachée parmi les arbres.
Його будинок стояв осторонь від дороги, наполовину прихований серед дерев.
On pouvait apercevoir la large véranda qui courait autour de la maison.
Можна було побачити широку веранду, що оточує будинок.
On accédait à la maison par des allées gravillonnées.
До будинку вели гравійні під'їзні шляхи.
Les sentiers serpentaient à travers de vastes pelouses.
Стежки звивались крізь широкі розлогі галявини.
Au-dessus de nos têtes se trouvaient les branches entrelacées de grands peupliers.
Над головою перепліталися гілки високих тополь.
À l'arrière de la maison, les choses étaient encore plus spacieuses.
У задній частині будинку було ще просторіше.
Il y avait de grandes écuries, où une douzaine de palefreniers discutaient
Там були великі стайні, де базікали з десяток конюхів
Il y avait des rangées de maisons de serviteurs recouvertes de vigne
Там були ряди хатин слуг, обшитих виноградною лозою

Et il y avait une gamme infinie et ordonnée de toilettes extérieures

І там був нескінченний та впорядкований ряд господарських приміщень

Longues tonnelles de vigne, pâturages verts, vergers et parcelles de baies.

Довгі виноградні альтанки, зелені пасовища, фруктові сади та ягідні грядки.

Ensuite, il y avait l'usine de pompage du puits artésien.

Потім була насосна станція для артезіанської свердловини.

Et il y avait le grand réservoir en ciment rempli d'eau.

А там був великий цементний резервуар, наповнений водою.

C'est ici que les garçons du juge Miller ont fait leur plongeon matinal.

Тут хлопці судді Міллера здійснили своє ранкове купання.

Et ils se sont rafraîchis là-bas aussi dans l'après-midi chaud.

І вони також охолоджувалися там у спекотний день.

Et sur ce grand domaine, Buck était celui qui régnait sur tout.

І над цим великим володінням усім правив Бак.

Buck est né sur cette terre et y a vécu toutes ses quatre années.

Бак народився на цій землі та прожив тут усі свої чотири роки.

Il y avait bien d'autres chiens, mais ils n'avaient pas vraiment d'importance.

Дійсно, були й інші собаки, але вони насправді не мали значення.

D'autres chiens étaient attendus dans un endroit aussi vaste que celui-ci.

У такому величезному місці, як це, очікували інших собак.

Ces chiens allaient et venaient, ou vivaient à l'intérieur des chenils très fréquentés.

Ці собаки приходили та йшли, або жили в людних вольєрах.

Certains chiens vivaient cachés dans la maison, comme Toots et Ysabel.
Деякі собаки жили захованими в будинку, як-от Тутс та Ізабель.

Toots était un carlin japonais, Ysabel un chien nu mexicain.
Тутс був японським мопсом, а Ізабель — мексиканською лисою собакою.

Ces étranges créatures sortaient rarement de la maison.
Ці дивні істоти рідко виходили за межі дому.

Ils n'ont pas touché le sol, ni respiré l'air libre à l'extérieur.
Вони не торкалися землі і не нюхали відкритого повітря надворі.

Il y avait aussi les fox-terriers, au moins une vingtaine.
Були також фокстер'єри, щонайменше двадцять штук.

Ces terriers aboyaient férocement sur Toots et Ysabel à l'intérieur.
Ці тер'єри люто гавкали на Тутса та Ізабель у приміщенні.

Toots et Ysabel sont restés derrière les fenêtres, à l'abri du danger.
Тутс та Ізабель залишилися за вікнами, у безпеці від небезпеки.

Ils étaient gardés par des domestiques munies de balais et de serpillères.
Їх охороняли служниці з мітлами та швабрами.

Mais Buck n'était pas un chien de maison, et il n'était pas non plus un chien de chenil.
Але Бак не був домашнім собакою, і він також не був собакою для собачої собачки.

L'ensemble de la propriété appartenait à Buck comme son royaume légitime.
Вся власність належала Баку як його законне володіння.

Buck nageait dans le réservoir ou partait à la chasse avec les fils du juge.
Бак плавав у акваріумі або ходив на полювання з синами судді.

Il marchait avec Mollie et Alice tôt ou tard le soir.
Він гуляв з Моллі та Алісою рано чи пізно вранці.

Lors des nuits froides, il s'allongeait devant le feu de la bibliothèque avec le juge.
Холодними ночами він лежав біля каміна в бібліотеці разом із суддею.
Buck a promené les petits-fils du juge sur son dos robuste.
Бак возив онуків Судді на своїй міцній спині.
Il roula dans l'herbe avec les garçons, les surveillant de près.
Він валявся в траві з хлопцями, пильно їх охороняючи.
Ils s'aventurèrent jusqu'à la fontaine et même au-delà des champs de baies.
Вони наважилися підійти до фонтану і навіть пройшли повз ягідні поля.
Parmi les fox terriers, Buck marchait toujours avec une fierté royale.
Серед фокстер'єрів Бак завжди ходив з королівською гордістю.
Il ignora Toots et Ysabel, les traitant comme s'ils étaient de l'air.
Він ігнорував Тутса та Ізабель, ставлячись до них, ніби вони були повітрям.
Buck régnait sur toutes les créatures vivantes sur les terres du juge Miller.
Бак панував над усіма живими істотами на землі судді Міллера.
Il régnait sur les animaux, les insectes, les oiseaux et même les humains.
Він панував над тваринами, комахами, птахами і навіть людьми.
Le père de Buck, Elmo, était un énorme et fidèle Saint-Bernard.
Батько Бака, Елмо, був величезним і відданим сенбернаром.
Elmo n'a jamais quitté le juge et l'a servi fidèlement.
Елмо ніколи не відходив від Судді та вірно служив йому.
Buck semblait prêt à suivre le noble exemple de son père.
Здавалося, Бак був готовий наслідувати благородний приклад свого батька.

Buck n'était pas aussi gros, pesant cent quarante livres.
Бак був не такий великий, важив сто сорок фунтів.
Sa mère, Shep, était un excellent chien de berger écossais.
Його мати, Шеп, була чудовою шотландською вівчаркою.
Mais même avec ce poids, Buck marchait avec une présence royale.
Але навіть з такою вагою Бак йшов з королівською повагою.
Cela venait de la bonne nourriture et du respect qu'il recevait toujours.
Це походило від смачної їжі та поваги, яку він завжди отримував.
Pendant quatre ans, Buck a vécu comme un noble gâté.
Чотири роки Бак жив як розпещений дворянин.
Il était fier de lui, et même légèrement égoïste.
Він пишався собою і навіть трохи егоїстично ставився.
Ce genre de fierté était courant chez les seigneurs des régions reculées.
Така гордість була поширена серед володарів віддалених сільських районів.
Mais Buck s'est sauvé de devenir un chien de maison choyé.
Але Бак врятував себе від того, щоб стати розпещеним домашнім собакою.
Il est resté mince et fort grâce à la chasse et à l'exercice.
Він залишався струнким і сильним завдяки полюванню та фізичним вправам.
Il aimait profondément l'eau, comme les gens qui se baignent dans les lacs froids.
Він глибоко любив воду, як люди, що купаються в холодних озерах.
Cet amour pour l'eau a gardé Buck fort et en très bonne santé.
Ця любов до води зберегла Бака сильним і дуже здоровим.
C'était le chien que Buck était devenu à l'automne 1897.
Таким собакою став Бак восени 1897 року.
Lorsque la découverte du Klondike a attiré des hommes vers le Nord gelé.

Коли удар на Клондайку відтягнув чоловіків на замерзлу Північ.
Des gens du monde entier se sont précipités vers ce pays froid.
Люди з усього світу кинулися в холодну землю.
Buck, cependant, ne lisait pas les journaux et ne comprenait pas les nouvelles.
Бак, однак, не читав газет і не розумів новин.
Il ne savait pas que Manuel était un homme désagréable à fréquenter.
Він не знав, що Мануель — погана людина.
Manuel, qui aidait au jardin, avait un problème grave.
Мануель, який допомагав у саду, мав серйозну проблему.
Manuel était accro aux jeux de loterie chinois.
Мануель був залежним від азартних ігор у китайській лотереї.
Il croyait également fermement en un système fixe pour gagner.
Він також твердо вірив у фіксовану систему перемоги.
Cette croyance rendait son échec certain et inévitable.
Ця віра робила його невдачу неминучою та неминучою.
Jouer un système exige de l'argent, ce qui manquait à Manuel.
Гра за системою вимагає грошей, яких у Мануеля не було.
Son salaire suffisait à peine à subvenir aux besoins de sa femme et de ses nombreux enfants.
Його зарплата ледве дозволяла утримувати дружину та численних дітей.
La nuit où Manuel a trahi Buck, les choses étaient normales.
У ніч, коли Мануель зрадив Бака, все було нормально.
Le juge était présent à une réunion de l'Association des producteurs de raisins secs.
Суддя був на зустрічі Асоціації виробників родзинок.
Les fils du juge étaient alors occupés à former un club d'athlétisme.
Сини судді тоді були зайняті створенням спортивного клубу.

Personne n'a vu Manuel et Buck sortir par le verger.
Ніхто не бачив, як Мануель і Бак йшли через сад.
Buck pensait que cette promenade n'était qu'une simple promenade nocturne.
Бак подумав, що ця прогулянка була простою нічною прогулянкою.
Ils n'ont rencontré qu'un seul homme à la station du drapeau, à College Park.
На станції прапорів у Коледж-Парку вони зустріли лише одного чоловіка.
Cet homme a parlé à Manuel et ils ont échangé de l'argent.
Той чоловік поговорив з Мануелем, і вони обмінялися грошима.
« Emballez les marchandises avant de les livrer », a-t-il suggéré.
«Запакуйте товари, перш ніж доставляти їх», – запропонував він.
La voix de l'homme était rauque et impatiente lorsqu'il parlait.
Голос чоловіка був грубим і нетерплячим, коли він говорив.
Manuel a soigneusement attaché une corde épaisse autour du cou de Buck.
Мануель обережно обв'язав товсту мотузку навколо шиї Бака.
« Tournez la corde et vous l'étoufferez abondamment »
«Скрутиш мотузку — і ти його як слід задушиш»
L'étranger émit un grognement, montrant qu'il comprenait bien.
Незнайомець щось пробурмотів, показуючи, що добре зрозумів.
Buck a accepté la corde avec calme et dignité tranquille ce jour-là.
Того дня Бак прийняв мотузку спокійно та тихо з гідністю.
C'était un acte inhabituel, mais Buck faisait confiance aux hommes qu'il connaissait.

Це був незвичайний вчинок, але Бак довіряв чоловікам, яких знав.

Il croyait que leur sagesse allait bien au-delà de sa propre pensée.

Він вважав, що їхня мудрість виходить далеко за межі його власного мислення.

Mais ensuite la corde fut remise entre les mains de l'étranger.

Але потім мотузку передали до рук незнайомця.

Buck émit un grognement sourd qui avertissait avec une menace silencieuse.

Бак тихо загарчав, але з тихою загрозою.

Il était fier et autoritaire, et voulait montrer son mécontentement.

Він був гордий і владний, і мав намір показати своє невдоволення.

Buck pensait que son avertissement serait compris comme un ordre.

Бак вважав, що його попередження буде сприйнято як наказ.

À sa grande surprise, la corde se resserra rapidement autour de son cou épais.

На його подив, мотузка міцно затягнулася навколо його товстої шиї.

Son air fut coupé et il commença à se battre dans une rage soudaine.

Йому перехопило повітря, і він почав битися в раптовому гніві.

Il s'est jeté sur l'homme, qui a rapidement rencontré Buck en plein vol.

Він стрибнув на чоловіка, який швидко зустрів Бака в повітрі.

L'homme attrapa Buck par la gorge et le fit habilement tourner dans les airs.

Чоловік схопив Бака за горло та вміло скрутив його в повітрі.

Buck a été violemment projeté au sol, atterrissant à plat sur le dos.
Бака сильно кинуло вниз, і він приземлився ниць на спину.
La corde l'étranglait alors cruellement tandis qu'il donnait des coups de pied sauvages.
Мотузка жорстоко душила його, поки він шалено бив ногами.
Sa langue tomba, sa poitrine se souleva, mais il ne reprit pas son souffle.
Його язик випав, груди здіймалися, але дихання не відбувалося.
Il n'avait jamais été traité avec une telle violence de sa vie.
З ним ніколи в житті не поводилися так жорстоко.
Il n'avait jamais été rempli d'une fureur aussi profonde auparavant.
Він також ніколи раніше не був сповнений такої глибокої люті.
Mais le pouvoir de Buck s'est estompé et ses yeux sont devenus vitreux.
Але сила Бака зникла, а його очі стали скляними.
Il s'est évanoui juste au moment où un train s'arrêtait à proximité.
Він знепритомнів саме тоді, коли неподалік зупинився поїзд.
Les deux hommes le jetèrent alors rapidement dans le fourgon à bagages.
Потім двоє чоловіків швидко кинули його у багажний вагон.
La chose suivante que Buck ressentit fut une douleur dans sa langue enflée.
Наступне, що Бак відчув, був біль у набряклому язиці.
Il se déplaçait dans un chariot tremblant, à peine conscient.
Він рухався у тремтячому візку, ледь притомний.
Le cri aigu d'un sifflet de train indiqua à Buck où il se trouvait.
Різкий свист поїзда підказав Баку його місцезнаходження.

Il avait souvent roulé avec le juge et connaissait ce sentiment.
Він часто їздив верхи з Суддею і знав це відчуття.
C'était le choc unique de voyager à nouveau dans un fourgon à bagages.
Це було неповторне відчуття від подорожі у багажному вагоні знову.
Buck ouvrit les yeux et son regard brûla de rage.
Бак розплющив очі, і його погляд палав люттю.
C'était la colère d'un roi fier déchu de son trône.
Це був гнів гордого царя, скинутого з трону.
Un homme a tenté de l'attraper, mais Buck a frappé en premier.
Чоловік простягнув руку, щоб схопити його, але Бак вдарив першим.
Il enfonça ses dents dans la main de l'homme et la serra fermement.
Він вп'явся зубами в руку чоловіка і міцно тримав.
Il ne l'a pas lâché jusqu'à ce qu'il s'évanouisse une deuxième fois.
Він не відпускав, аж поки вдруге не знепритомнів.
« Ouais, il a des crises », murmura l'homme au bagagiste.
«Так, у нього припадки», — пробурмотів чоловік багажнику.
Le bagagiste avait entendu la lutte et s'était approché.
Багажник почув боротьбу і підійшов ближче.
« Je l'emmène à Frisco pour le patron », a expliqué l'homme.
«Я везу його до Фріско до боса», — пояснив чоловік.
« Il y a un excellent vétérinaire qui dit pouvoir les guérir. »
«Там є чудовий собаківник, який каже, що може їх вилікувати».
Plus tard dans la soirée, l'homme a donné son propre récit complet.
Пізніше того ж вечора чоловік дав свою повну розповідь.
Il parlait depuis un hangar derrière un saloon sur les quais.
Він говорив з сараю за салуном на доках.

« Tout ce qu'on m'a donné, c'était cinquante dollars », se plaignit-il au vendeur du saloon.

«Мені дали лише п'ятдесят доларів», – поскаржився він працівнику салуну.

« Je ne le referais pas, même pour mille dollars en espèces. »

«Я б не зробив цього знову, навіть за тисячу готівкою».

Sa main droite était étroitement enveloppée dans un tissu ensanglanté.

Його права рука була щільно обмотана закривавленою тканиною.

Son pantalon était déchiré du genou au pied.

Його штанина була розірвана від коліна до п'яти.

« Combien a été payé l'autre idiot ? » demanda le vendeur du saloon.

«Скільки отримав інший кухоль?» — спитав працівник салуну.

« Cent », répondit l'homme, « il n'accepterait pas un centime de moins. »

«Сотню», — відповів чоловік, — «він не візьме ні цента менше».

« Cela fait cent cinquante », dit le vendeur du saloon.

«Виходить сто п'ятдесят», — сказав працівник салуну.

« Et il vaut tout ça, sinon je ne suis pas meilleur qu'un imbécile. »

«І він вартий усього цього, бо інакше я не кращий за йолопа».

L'homme ouvrit les emballages pour examiner sa main.

Чоловік розгорнув обгортку, щоб оглянути свою руку.

La main était gravement déchirée et couverte de sang séché.

Рука була сильно порвана та вкрита кіркою засохлої крові.

« Si je n'ai pas l' hydrophobie... » commença-t-il à dire.

«Якщо в мене не почнеться гідрофобія...» — почав він.

« Ce sera parce que tu es né pour être pendu », dit-il en riant.

«Це буде тому, що ти народився вішати», — пролунав сміх.

« Viens m'aider avant de partir », lui a-t-on demandé.

«Допоможи мені, перш ніж ти підеш», – попросили його.

Buck était dans un état second à cause de la douleur dans sa langue et sa gorge.
Бак був приголомшений болем у язиці та горлі.
Il était à moitié étranglé et pouvait à peine se tenir debout.
Він був наполовину задушений і ледве міг стояти на ногах.
Pourtant, Buck essayait de faire face aux hommes qui l'avaient blessé ainsi.
І все ж Бак намагався дивитися в очі чоловікам, які так його образили.
Mais ils le jetèrent à terre et l'étranglèrent une fois de plus.
Але вони знову кинули його на землю та задушили.
Ce n'est qu'à ce moment-là qu'ils ont pu scier son lourd collier de laiton.
Тільки тоді вони змогли відпиляти його важкий латунний нашийник.
Ils ont retiré la corde et l'ont poussé dans une caisse.
Вони зняли мотузку та запхали його в клітку.
La caisse était petite et avait la forme d'une cage en fer brut.
Ящик був невеликий і за формою нагадував грубу залізну клітку.
Buck resta allongé là toute la nuit, rempli de colère et d'orgueil blessé.
Бак пролежав там усю ніч, сповнений гніву та ображеної гордості.
Il ne pouvait pas commencer à comprendre ce qui lui arrivait.
Він ніяк не міг зрозуміти, що з ним відбувається.
Pourquoi ces hommes étranges le gardaient-ils dans cette petite caisse ?
Чому ці дивні чоловіки тримали його в цій маленькій клітці?
Que voulaient-ils de lui et pourquoi cette cruelle captivité ?
Чого вони від нього хотіли, і чому цей жорстокий полон?
Il ressentait une pression sombre, un sentiment de catastrophe qui se rapprochait.
Він відчував темний тиск; відчуття наближення катастрофи.

C'était une peur vague, mais elle pesait lourdement sur son esprit.
Це був нечіткий страх, але він важко дав йому на душу.
Il a sursauté à plusieurs reprises lorsque la porte du hangar a claqué.
Кілька разів він підстрибував, коли двері сараю загуркотіли.
Il s'attendait à ce que le juge ou les garçons apparaissent et le sauvent.
Він очікував, що з'явиться Суддя або хлопці та врятує його.
Mais à chaque fois, seul le gros visage du tenancier de bar apparaissait à l'intérieur.
Але щоразу всередину заглядало лише огрядне обличчя власника салуну.
Le visage de l'homme était éclairé par la faible lueur d'une bougie de suif.
Обличчя чоловіка освітлювало тьмяне сяйво сальній свічки.
À chaque fois, l'aboiement joyeux de Buck se transformait en un grognement bas et colérique.
Щоразу радісний гавкіт Бака змінювався низьким, сердитим гарчанням.

Le tenancier du saloon l'a laissé seul pour la nuit dans la caisse
Власник салуну залишив його самого на ніч у клітці.
Mais quand il se réveilla le matin, d'autres hommes arrivèrent.
Але коли він прокинувся вранці, наближалося ще більше чоловіків.
Quatre hommes sont venus et ont ramassé la caisse avec précaution, sans un mot.
Підійшли четверо чоловіків і обережно підняли ящик, не кажучи ні слова.
Buck comprit immédiatement dans quelle situation il se trouvait.
Бак одразу зрозумів, у якому становищі він опинився.

Ils étaient d'autres bourreaux qu'il devait combattre et craindre.
Вони були ще більшими мучителями, з якими йому доводилося боротися та яких він боявся.

Ces hommes avaient l'air méchants, en haillons et très mal soignés.
Ці чоловіки виглядали злими, обшарпаними та дуже погано доглянутими.

Buck grogna et se jeta férocement sur eux à travers les barreaux.
Бак загарчав і люто кинувся на них крізь ґрати.

Ils se sont contentés de rire et de le frapper avec de longs bâtons en bois.
Вони лише сміялися та тикали його довгими дерев'яними палицями.

Buck a mordu les bâtons, puis s'est rendu compte que c'était ce qu'ils aimaient.
Бак покусував палиці, а потім зрозумів, що саме це їм і подобається.

Il s'allongea donc tranquillement, maussade et brûlant d'une rage silencieuse.
Тож він ліг тихо, похмурий і палаючи тихою люттю.

Ils ont soulevé la caisse dans un chariot et sont partis avec lui.
Вони завантажили ящик у фургон і поїхали з ним.

La caisse, avec Buck enfermé à l'intérieur, changeait souvent de mains.
Ящик, в якому був замкнений Бак, часто переходив з рук в руки.

Les employés du bureau express ont pris les choses en main et l'ont traité brièvement.
Клерки експрес-відділення взялися за справу та коротко з ним розібралися.

Puis un autre chariot transporta Buck à travers la ville bruyante.
Потім інший фургон повіз Бака через галасливе місто.

Un camion l'a emmené avec des cartons et des colis sur un ferry.

Вантажівка з коробками та посилками завезла його на пором.

Après la traversée, le camion l'a déchargé dans un dépôt ferroviaire.

Після перетину вантажівка вивантажила його на залізничному депо.

Finalement, Buck fut placé dans une voiture express en attente.

Нарешті Бака посадили у вагон експреса, що чекав.

Pendant deux jours et deux nuits, les trains ont emporté la voiture express.

Протягом двох днів і ночей поїзди тягнули швидкісний вагон геть.

Buck n'a ni mangé ni bu pendant tout le douloureux voyage.

Бак не їв і не пив протягом усієї болісної подорожі.

Lorsque les messagers express ont essayé de l'approcher, il a grogné.

Коли кур'єри спробували підійти до нього, він загарчав.

Ils ont réagi en se moquant de lui et en le taquinant cruellement.

Вони відповіли, насміхаючись з нього та жорстоко дражнячи його.

Buck se jeta sur les barreaux, écumant et tremblant

Бак кинувся на грати, пінився і тремтів.

ils ont ri bruyamment et l'ont raillé comme des brutes de cour d'école.

вони голосно сміялися та знущалися з нього, як шкільні хулігани.

Ils aboyaient comme de faux chiens et battaient des bras.

Вони гавкали, як фальшиві собаки, і розмахували руками.

Ils ont même chanté comme des coqs juste pour le contrarier davantage.

Вони навіть кукурікали, як півні, тільки щоб ще більше його засмутити.

C'était un comportement stupide, et Buck savait que c'était ridicule.
Це була дурна поведінка, і Бак знав, що це смішно.
Mais cela n'a fait qu'approfondir son sentiment d'indignation et de honte.
Але це лише посилило його почуття обурення та сорому.
Il n'a pas été trop dérangé par la faim pendant le voyage.
Під час подорожі його не дуже турбував голод.
Mais la soif provoquait une douleur aiguë et une souffrance insupportable.
Але спрага приносила гострий біль і нестерпні страждання.
Sa gorge sèche et enflammée et sa langue brûlaient de chaleur.
Його сухе, запалене горло та язик пекли від жару.
Cette douleur alimentait la fièvre qui montait dans son corps fier.
Цей біль підживлював жар, що піднімався в його гордому тілі.
Buck était reconnaissant pour une seule chose au cours de ce procès.
Бак був вдячний за одну єдину річ під час цього випробування.
La corde avait été retirée de son cou épais.
Мотузку зняли з його товстої шиї.
La corde avait donné à ces hommes un avantage injuste et cruel.
Мотузка дала цим чоловікам несправедливу та жорстоку перевагу.
Maintenant, la corde avait disparu et Buck jura qu'elle ne reviendrait jamais.
Тепер мотузки не було, і Бак клявся, що вона ніколи не повернеться.
Il a décidé qu'aucune corde ne passerait plus jamais autour de son cou.
Він вирішив, що жодна мотузка більше ніколи не обв'яже його шию.

Pendant deux longs jours et deux longues nuits, il souffrit sans nourriture.
Протягом двох довгих днів і ночей він страждав без їжі.
Et pendant ces heures, il a développé une énorme rage en lui.
І в ці години він накопичив у собі величезну лють.
Ses yeux sont devenus injectés de sang et sauvages à cause d'une colère constante.
Його очі налилися кров'ю та стали дикими від постійного гніву.
Il n'était plus Buck, mais un démon aux mâchoires claquantes.
Він більше не був Баком, а демоном із клацаючими щелепами.
Même le juge n'aurait pas reconnu cette créature folle.
Навіть Суддя не впізнав би цю божевільну істоту.
Les messagers express ont soupiré de soulagement lorsqu'ils ont atteint Seattle
Кур'єри зітхнули з полегшенням, коли дісталися до Сіетла.
Quatre hommes ont soulevé la caisse et l'ont amenée dans une cour arrière.
Четверо чоловіків підняли ящик і винесли його на задній двір.
La cour était petite, entourée de murs hauts et solides.
Двір був невеликий, оточений високими та міцними стінами.
Un grand homme sortit, vêtu d'un pull rouge affaissé.
Звідти вийшов кремезний чоловік у обвислій червоній сорочці-светрі.
Il a signé le carnet de livraison d'une écriture épaisse et audacieuse.
Він підписав книгу прийому-передачі товстим і жирним почерком.
Buck sentit immédiatement que cet homme était son prochain bourreau.

Бак одразу відчув, що цей чоловік — його наступний мучитель.

Il se jeta violemment sur les barreaux, les yeux rouges de fureur.

Він люто кинувся на грати, його очі були червоні від люті.

L'homme sourit simplement sombrement et alla chercher une hachette.

Чоловік лише похмуро посміхнувся та пішов по сокирку.

Il portait également une massue dans sa main droite épaisse et forte.

Він також приніс палицю у своїй товстій і сильній правій руці.

« Tu vas le sortir maintenant ? » demanda le chauffeur, inquiet.

«Ви його зараз вивезете?» — стурбовано запитав водій.

« Bien sûr », dit l'homme en enfonçant la hachette dans la caisse comme levier.

«Звичайно», — сказав чоловік, встромляючи сокирку в ящик як важіль.

Les quatre hommes se dispersèrent instantanément et sautèrent sur le mur de la cour.

Четверо чоловіків миттєво розбіглися, пострибавши на стіну подвір'я.

Depuis leurs endroits sûrs, ils attendaient d'assister au spectacle.

Зі своїх безпечних місць угорі вони чекали, щоб спостерігати за видовищем.

Buck se jeta sur le bois éclaté, le mordant et le secouant violemment.

Бак кинувся на розколотий ґрунт, кусаючись і люто трясучись.

Chaque fois que la hachette touchait la cage, Buck était là pour l'attaquer.

Щоразу, як сокира влучала в клітку, Бак був там, щоб напасти на неї.

Il grogna et claqua des dents avec une rage folle, impatient d'être libéré.

Він гарчав і огризався з дикою люттю, прагнучи звільнитися.
L'homme dehors était calme et stable, concentré sur sa tâche.
Чоловік надворі був спокійний і врівноважений, зосереджений на своєму завданні.
« Bon, alors, espèce de diable aux yeux rouges », dit-il lorsque le trou fut grand.
«Гаразд, червоноокий дияволе», — сказав він, коли діра стала великою.
Il laissa tomber la hachette et prit le gourdin dans sa main droite.
Він кинув сокирку і взяв палицю в праву руку.
Buck ressemblait vraiment à un diable ; les yeux injectés de sang et flamboyants.
Бак справді був схожий на диявола; очі налиті кров'ю та палахкотливі.
Son pelage se hérissait, de la mousse s'échappait de sa bouche, ses yeux brillaient.
Його пальто стало дибки, піна виступала з рота, очі блищали.
Il rassembla ses muscles et se jeta directement sur le pull rouge.
Він напружив м'язи та кинувся прямо на червоний светр.
Cent quarante livres de fureur s'abattèrent sur l'homme calme.
Сто сорок фунтів люті полетіли на спокійного чоловіка.
Juste avant que ses mâchoires ne se referment, un coup terrible le frappa.
Якраз перед тим, як його щелепи стиснулися, його вдарив жахливий удар.
Ses dents claquèrent l'une contre l'autre, rien d'autre que l'air
Його зуби клацнули, не обхопивши нічого, крім повітря.
une secousse de douleur résonna dans son corps
по його тілу пронизав приплив болю
Il a fait un saut périlleux en plein vol et s'est écrasé sur le dos et sur le côté.

Він перевернувся в повітрі та впав на спину та бік.
Il n'avait jamais ressenti auparavant le coup d'un gourdin et ne pouvait pas le saisir.
Він ніколи раніше не відчував удару палицею і не міг його збагнути.
Avec un grognement strident, mi-aboiement, mi-cri, il bondit à nouveau.
З пронизливим гарчанням, частково гавкотом, частково криком, він знову стрибнув.
Un autre coup brutal le frappa et le projeta au sol.
Ще один жорстокий удар вдарив його та кинув на землю.
Cette fois, Buck comprit : c'était la lourde massue de l'homme.
Цього разу Бак зрозумів — це була важка палиця цього чоловіка.
Mais la rage l'aveuglait, et il n'avait aucune idée de retraite.
Але лють засліпила його, і він не думав про відступ.
Douze fois il s'est lancé et douze fois il est tombé.
Дванадцять разів він кидався вперед і дванадцять разів падав.
Le gourdin en bois le frappait à chaque fois avec une force impitoyable et écrasante.
Дерев'яна палиця щоразу розбивала його з безжальною, нищівною силою.
Après un coup violent, il se releva en titubant, étourdi et lent.
Після одного сильного удару він, приголомшений і повільний, похитуючись підвівся на ноги.
Du sang coulait de sa bouche, de son nez et même de ses oreilles.
Кров текла з його рота, носа і навіть вух.
Son pelage autrefois magnifique était maculé de mousse sanglante.
Його колись гарне пальто було заляпане кривавою піною.
Alors l'homme s'est avancé et a donné un coup violent au nez.
Тоді чоловік підійшов і завдав жорстокого удару в ніс.

L'agonie était plus vive que tout ce que Buck avait jamais ressenti.

Біль був сильнішим за будь-що, що Бак коли-небудь відчував.

Avec un rugissement plus bête que chien, il bondit à nouveau pour attaquer.

З ревом, скоріше звіриним, ніж собачим, він знову стрибнув в атаку.

Mais l'homme attrapa sa mâchoire inférieure et la tourna vers l'arrière.

Але чоловік схопив його за нижню щелепу та вивернув її назад.

Buck fit un saut périlleux et s'écrasa à nouveau violemment.

Бак перевернувся головою догори ногами та знову сильно впав.

Une dernière fois, Buck se précipita sur lui, maintenant à peine capable de se tenir debout.

Востаннє Бак кинувся на нього, ледве тримаючись на ногах.

L'homme a frappé avec un timing expert, délivrant le coup final.

Чоловік завдав вирішального удару з влучним моментом.

Buck s'est effondré, inconscient et immobile.

Бак звалився купою, непритомний і нерухомий.

« Il n'est pas mauvais pour dresser les chiens, c'est ce que je dis », a crié un homme.

«Він не лайно чіпляється до собак, ось що я кажу», — крикнув чоловік.

« Druther peut briser la volonté d'un chien n'importe quel jour de la semaine. »

«Друтер може зламати волю пса будь-якого дня тижня».

« Et deux fois un dimanche ! » a ajouté le chauffeur.

«І двічі в неділю!» — додав водій.

Il monta dans le chariot et fit claquer les rênes pour partir.

Він заліз у віз і смикнув поводи, щоб вирушити.

Buck a lentement repris le contrôle de sa conscience

Бак повільно відновлював контроль над своєю свідомістю

mais son corps était encore trop faible et brisé pour bouger.
але його тіло було все ще надто слабке та зламане, щоб рухатися.

Il resta allongé là où il était tombé, regardant l'homme au pull rouge.
Він лежав там, де впав, спостерігаючи за чоловіком у червоному светрі.

« Il répond au nom de Buck », dit l'homme en lisant à haute voix.
«Він відгукується на ім'я Бак», — сказав чоловік, читаючи вголос.

Il a cité la note envoyée avec la caisse de Buck et les détails.
Він процитував записку, надіслану разом із ящиком Бака, та подробиці.

« Eh bien, Buck, mon garçon », continua l'homme d'un ton amical,
«Ну, Баку, хлопчику мій», — продовжив чоловік дружнім тоном,

« Nous avons eu notre petite dispute, et maintenant c'est fini entre nous. »
«Ми вже трохи посварилися, і тепер між нами все скінчено».

« Tu as appris à connaître ta place, et j'ai appris à connaître la mienne », a-t-il ajouté.
«Ти зрозумів своє місце, а я своє», – додав він.

« Sois sage, tout ira bien et la vie sera agréable. »
«Будьте добрими, і все буде добре, а життя буде приємним».

« Mais sois méchant, et je te botterai les fesses, compris ? »
«Але будь поганим, і я тебе відлупцюю, зрозумів?»

Tandis qu'il parlait, il tendit la main et tapota la tête douloureuse de Buck.
Говорячи, він простягнув руку і поплескав Бака по хворій голові.

Les cheveux de Buck se dressèrent au contact de l'homme, mais il ne résista pas.

Волосся Бака стало дибки від дотику чоловіка, але він не чинив опору.

L'homme lui apporta de l'eau, que Buck but à grandes gorgées.

Чоловік приніс йому води, яку Бак випив великими ковтками.

Puis vint la viande crue, que Buck dévora morceau par morceau.

Потім було сире м'ясо, яке Бак пожирав шматок за шматком.

Il savait qu'il était battu, mais il savait aussi qu'il n'était pas brisé.

Він знав, що його перемогли, але він також знав, що не зламаний.

Il n'avait aucune chance contre un homme armé d'une matraque.

У нього не було жодних шансів проти чоловіка, озброєного кийком.

Il avait appris la vérité et il n'a jamais oublié cette leçon.

Він пізнав правду і ніколи не забував цього уроку.

Cette arme était le début de la loi dans le nouveau monde de Buck.

Ця зброя стала початком права в новому світі Бака.

C'était le début d'un ordre dur et primitif qu'il ne pouvait nier.

Це був початок суворого, примітивного порядку, який він не міг заперечити.

Il accepta la vérité ; ses instincts sauvages étaient désormais éveillés.

Він прийняв правду; його дикі інстинкти тепер прокинулися.

Le monde était devenu plus dur, mais Buck l'a affronté avec courage.

Світ став суворішим, але Бак мужньо з цим зіткнувся.

Il a affronté la vie avec une prudence, une ruse et une force tranquille nouvelles.

Він зустрів життя з новою обережністю, хитрістю та тихою силою.

D'autres chiens sont arrivés, attachés dans des cordes ou des caisses comme Buck l'avait été.

Прибуло ще собак, прив'язаних мотузками або клітками, як і Бака.

Certains chiens sont venus calmement, d'autres ont fait rage et se sont battus comme des bêtes sauvages.

Деякі собаки приходили спокійно, інші лютували та билися, як дикі звірі.

Ils furent tous soumis au règne de l'homme au pull rouge.

Усіх їх підкорили чоловікові в червоному светрі.

À chaque fois, Buck regardait et voyait la même leçon se dérouler.

Щоразу Бак спостерігав і бачив, як розгортається той самий урок.

L'homme avec la massue était la loi, un maître à obéir.

Чоловік з палицею був законом; господарем, якому треба було слухатися.

Il n'avait pas besoin d'être aimé, mais il fallait qu'on lui obéisse.

Йому не потрібно було подобатися, але йому потрібно було слухатися.

Buck ne s'est jamais montré flatteur ni n'a remué la queue comme le faisaient les chiens plus faibles.

Бак ніколи не підлабузнювався і не виляв лапами, як це робили слабші собаки.

Il a vu des chiens qui avaient été battus et qui continuaient à lécher la main de l'homme.

Він побачив побитих собак і все одно лизав руку чоловіка.

Il a vu un chien qui refusait d'obéir ou de se soumettre du tout.

Він побачив одного собаку, який зовсім не слухався і не підкорявся.

Ce chien s'est battu jusqu'à ce qu'il soit tué dans la bataille pour le contrôle.

Той собака бився, доки його не вбили в битві за контроль.

Des étrangers venaient parfois voir l'homme au pull rouge.
Іноді до чоловіка в червоному светрі приходили незнайомці.
Ils parlaient sur un ton étrange, suppliant, marchandant et riant.
Вони розмовляли дивними тонами, благали, торгувалися та сміялися.
Lors de l'échange d'argent, ils partaient avec un ou plusieurs chiens.
Коли обмінювали гроші, вони йшли з одним або кількома собаками.
Buck se demandait où étaient passés ces chiens, car aucun n'était jamais revenu.
Бак задумався, куди поділися ці собаки, бо жоден з них так і не повернувся.
la peur de l'inconnu envahissait Buck chaque fois qu'un homme étrange venait
Страх невідомого сповнював Бака щоразу, коли приходив незнайомий чоловік
il était content à chaque fois qu'un autre chien était pris, plutôt que lui-même.
Він радів щоразу, коли забирали іншого собаку, а не себе.
Mais finalement, le tour de Buck arriva avec l'arrivée d'un homme étrange.
Але нарешті настала черга Бака з приходом дивного чоловіка.
Il était petit, nerveux, parlait un anglais approximatif et jurait.
Він був маленький, жилистий, розмовляв ламаною англійською та лаявся.
« Sacré-Dam ! » hurla-t-il en posant les yeux sur le corps de Buck.
«Святий!» — крикнув він, побачивши Бака.
« C'est un sacré chien tyrannique ! Hein ? Combien ? » demanda-t-il à voix haute.
«Ось який клятий пес-хуліган! Га? Скільки?» — спитав він уголос.

« Trois cents, et c'est un cadeau à ce prix-là. »

«Триста, і за таку ціну він — справжній подарунок»,

« Puisque c'est de l'argent du gouvernement, tu ne devrais pas te plaindre, Perrault. »

«Оскільки це державні гроші, тобі не варто скаржитися, Перро».

Perrault sourit à l'idée de l'accord qu'il venait de conclure avec cet homme.

Перро посміхнувся угоді, яку щойно уклав з цим чоловіком.

Le prix des chiens a grimpé en flèche en raison de la demande soudaine.

Ціна на собак різко зросла через раптовий попит.

Trois cents dollars, ce n'était pas injuste pour une si belle bête.

Триста доларів – це не шкода для такого чудового звіра.

Le gouvernement canadien ne perdrait rien dans cet accord

Уряд Канади нічого не втратить від угоди

Leurs dépêches officielles ne seraient pas non plus retardées en transit.

Також їхні офіційні відправлення не затримуватимуться під час транспортування.

Perrault connaissait bien les chiens et pouvait voir que Buck était quelque chose de rare.

Перро добре знав собак і бачив, що Бак — це щось рідкісне.

« Un sur dix dix mille », pensa-t-il en étudiant la silhouette de Buck.

«Один з десяти десяти тисяч», – подумав він, вивчаючи статуру Бака.

Buck a vu l'argent changer de mains, mais n'a montré aucune surprise.

Бак бачив, як гроші переходили з рук в руки, але не виявляв здивування.

Bientôt, lui et Curly, un gentil Terre-Neuve, furent emmenés.

Невдовзі його та Кучерява, лагідного ньюфаундленда, повели геть.

Ils suivirent le petit homme depuis la cour du pull rouge.

Вони пішли за маленьким чоловічком з подвір'я червоного светра.

Ce fut la dernière fois que Buck vit l'homme avec la massue en bois.

Це був останній раз, коли Бак бачив чоловіка з дерев'яною палицею.

Depuis le pont du Narval, il regardait Seattle disparaître au loin.

З палуби «Нарвала» він спостерігав, як Сіетл зникає вдалині.

C'était aussi la dernière fois qu'il voyait le chaud Southland.

Це також був останній раз, коли він бачив теплу Південну землю.

Perrault les emmena sous le pont et les laissa à François.

Перро відвів їх під палубу і залишив із Франсуа.

François était un géant au visage noir, aux mains rugueuses et calleuses.

Франсуа був чорнолицьим велетнем із шорсткими, мозолистими руками.

Il était brun et basané; un métis franco-canadien.

Він був темноволосий і смаглявий; метис франкоканадця.

Pour Buck, ces hommes étaient d'un genre qu'il n'avait jamais vu auparavant.

Бак здавався йому такими, яких він ніколи раніше не бачив.

Il allait connaître beaucoup d'autres hommes de ce genre dans les jours qui suivirent.

У найближчі дні він познайомиться з багатьма такими чоловіками.

Il ne s'est pas attaché à eux, mais il a appris à les respecter.

Він не полюбив їх, але почав поважати.

Ils étaient justes et sages, et ne se laissaient pas facilement tromper par un chien.

Вони були справедливими та мудрими, і жодному собакі їх нелегко було обдурити.

Ils jugeaient les chiens avec calme et ne les punissaient que lorsqu'ils le méritaient.

Вони спокійно судили собак і карали лише тоді, коли вони були на це заслуговували.

Sur le pont inférieur du Narwhal, Buck et Curly ont rencontré deux chiens.

На нижній палубі «Нарвала» Бак і Кучерява зустріли двох собак.

L'un d'eux était un grand chien blanc venu du lointain et glacial Spitzberg.

Один з них був великий білий собака з далекого, крижаного Шпіцбергена.

Il avait autrefois navigué avec un baleinier et rejoint un groupe d'enquête.

Колись він плавав з китобійним судном і приєднався до дослідницької групи.

Il était amical d'une manière sournoise, sournoise et rusée.

Він був дружелюбним, але хитрим, підступним та хитрим.

Lors de leur premier repas, il a volé un morceau de viande dans la poêle de Buck.

Під час їхнього першого прийому їжі він украв шматок м'яса з Бакової сковороди.

Buck sauta pour le punir, mais le fouet de François frappa en premier.

Бак стрибнув, щоб покарати його, але батіг Франсуа вдарив першим.

Le voleur blanc hurla et Buck récupéra l'os volé.

Білий злодій скрикнув, і Бак забрав собі вкрадену кістку.

Cette équité impressionna Buck, et François gagna son respect.

Така справедливість вразила Бака, і Франсуа заслужив його повагу.

L'autre chien ne lui a pas adressé de salut et n'en a pas voulu en retour.

Інший собака не привітався і не потребував жодної відповіді у відповідь.
Il ne volait pas de nourriture et ne reniflait pas les nouveaux arrivants avec intérêt.
Він не крав їжі і не обнюхував новоприбулих з цікавістю.
Ce chien était sinistre et calme, sombre et lent.
Цей собака був похмурим і тихим, похмурим і повільним.
Il a averti Curly de rester à l'écart en la regardant simplement.
Він попередив Кучерява триматися подалі, просто глянувши на неї.
Son message était clair : laissez-moi tranquille ou il y aura des problèmes.
Його послання було чітким: залиште мене в спокої, або будуть проблеми.
Il s'appelait Dave et il remarquait à peine son environnement.
Його звали Дейв, і він ледве помічав, що відбувається навколо.
Il dormait souvent, mangeait tranquillement et bâillait de temps en temps.
Він часто спав, тихо їв і час від часу позіхав.

Le navire ronronnait constamment avec le battement de l'hélice en dessous.
Корабель безперервно гудів, а внизу бив гвинт.
Les jours passèrent sans grand changement, mais le temps devint plus froid.
Дні минали майже без змін, але погода ставала холоднішою.
Buck pouvait le sentir dans ses os et remarqua que les autres le faisaient aussi.
Бак відчував це аж до кісток і помітив, що інші теж.
Puis un matin, l'hélice s'est arrêtée et tout est redevenu calme.
Потім одного ранку пропелер зупинився, і все стихло.

Une énergie parcourut le vaisseau ; quelque chose avait changé.
Корабель пронизала енергія; щось змінилося.
François est descendu, les a attachés en laisse et les a remontés.
Франсуа спустився вниз, прив'язав їх на повідки та вивів нагору.
Buck sortit et trouva le sol doux, blanc et froid.
Бак вийшов і побачив, що земля м'яка, біла та холодна.
Il sursauta en arrière, alarmé, et renifla, totalement confus.
Він стривожено відскочив назад і пирхнув у повній розгубленості.
Une étrange substance blanche tombait du ciel gris.
З сірого неба падала дивна біла речовина.
Il se secoua, mais les flocons blancs continuaient à atterrir sur lui.
Він струсив себе, але білі смужки продовжували падати на нього.
Il renifla soigneusement la substance blanche et lécha quelques morceaux glacés.
Він обережно понюхав білу речовину та злизав кілька крижаних шматочків.
La poudre brûla comme du feu, puis disparut de sa langue.
Порошок пек, як вогонь, а потім просто зник з його язика.
Buck essaya à nouveau, intrigué par l'étrange froideur qui disparaissait.
Бак спробував ще раз, здивований дивним зникаючим холодом.
Les hommes autour de lui rirent et Buck se sentit gêné.
Чоловіки навколо нього засміялися, і Баку стало ніяково.
Il ne savait pas pourquoi, mais il avait honte de sa réaction.
Він не знав чому, але йому було соромно за свою реакцію.
C'était sa première expérience avec la neige, et cela le dérouta.
Це був його перший досвід зі снігом, і це його збентежило.

La loi du club et des crocs
Закон палиці та ікла

Le premier jour de Buck sur la plage de Dyea ressemblait à un terrible cauchemar.
Перший день Бака на пляжі Дайя був схожий на жахливий кошмар.
Chaque heure apportait de nouveaux chocs et des changements inattendus pour Buck.
Кожна година приносила Баку нові сюрпризи та несподівані зміни.
Il avait été arraché à la civilisation et jeté dans un chaos sauvage.
Його вирвали з цивілізації та кинули в дикий хаос.
Ce n'était pas une vie ensoleillée et paresseuse, faite d'ennui et de repos.
Це не було сонячне, ліниве життя з нудьгою та відпочинком.
Il n'y avait pas de paix, pas de repos, et pas un instant sans danger.
Не було ні спокою, ні відпочинку, ні хвилини без небезпеки.
La confusion régnait sur tout et le danger était toujours proche.
Усім панувала плутанина, а небезпека завжди була поруч.
Buck devait rester vigilant car ces hommes et ces chiens étaient différents.
Баку доводилося бути напоготові, бо ці чоловіки та собаки були іншими.
Ils n'étaient pas originaires des villes ; ils étaient sauvages et sans pitié.
Вони не були з міст; вони були дикі та безжальні.
Ces hommes et ces chiens ne connaissaient que la loi du gourdin et des crocs.
Ці чоловіки та собаки знали лише закон палиці та ікла.
Buck n'avait jamais vu de chiens se battre comme ces huskies sauvages.

Бак ніколи не бачив, щоб собаки билися так, як ці дикі хаскі.

Sa première expérience lui a appris une leçon qu'il n'oublierait jamais.

Його перший досвід навчив його уроку, який він ніколи не забуде.

Il a eu de la chance que ce ne soit pas lui, sinon il serait mort aussi.

Йому пощастило, що це був не він, інакше він би теж загинув.

Curly était celui qui souffrait tandis que Buck regardait et apprenait.

Кучерява був тим, хто страждав, поки Бак спостерігав і навчався.

Ils avaient installé leur campement près d'un magasin construit en rondins.

Вони розбили табір біля магазину, збудованого з колод.

Curly a essayé d'être amical avec un grand husky ressemblant à un loup.

Кучерява намагався бути привітним до великої, схожої на вовка хаскі.

Le husky était plus petit que Curly, mais avait l'air sauvage et méchant.

Хаскі був менший за Кучерява, але виглядав диким і злим.

Sans prévenir, il a sauté et lui a ouvert le visage.

Без попередження він стрибнув і розрізав їй обличчя.

Ses dents lui coupèrent l'œil jusqu'à sa mâchoire en un seul mouvement.

Його зуби одним рухом прорізали їй все від ока до щелепи.

C'est ainsi que les loups se battaient : ils frappaient vite et sautaient loin.

Ось так билися вовки — швидко вдаряли та відстрибували.

Mais il y avait plus à apprendre que de cette seule attaque.

Але з цієї однієї атаки можна було навчитися не лише цього разу.

Des dizaines de huskies se sont précipités et ont formé un cercle silencieux.
Десятки хаскі кинулися всередину та утворили мовчазне коло.

Ils regardaient attentivement et se léchaient les lèvres avec faim.
Вони уважно спостерігали та облизували губи від голоду.

Buck ne comprenait pas leur silence ni leurs regards avides.
Бак не розумів ні їхнього мовчання, ні їхніх нетерплячих очей.

Curly s'est précipité pour attaquer le husky une deuxième fois.
Кучерява кинувся атакувати хаскі вдруге.

Il a utilisé sa poitrine pour la renverser avec un mouvement puissant.
Він сильним рухом грудьми збив її з ніг.

Elle est tombée sur le côté et n'a pas pu se relever.
Вона впала на бік і не змогла підвестися.

C'est ce que les autres attendaient depuis le début.
Саме цього всі інші чекали весь цей час.

Les huskies ont sauté sur elle, hurlant et grognant avec frénésie.
Хаскі стрибнули на неї, шалено верещачи та гарчачи.

Elle a crié alors qu'ils l'enterraient sous un tas de chiens.
Вона кричала, коли її ховали під купою собак.

L'attaque fut si rapide que Buck resta figé sur place sous le choc.
Атака була такою швидкою, що Бак завмер на місці від шоку.

Il vit Spitz tirer la langue d'une manière qui ressemblait à un rire.
Він побачив, як Шпіц показав язика, схоже на сміх.

François a attrapé une hache et a couru droit vers le groupe de chiens.
Франсуа схопив сокиру та побіг прямо на групу собак.

Trois autres hommes ont utilisé des gourdins pour aider à repousser les huskies.

Троє інших чоловіків використовували кийки, щоб допомогти відігнати хаскі.

En seulement deux minutes, le combat était terminé et les chiens avaient disparu.

Всього за дві хвилини бійка закінчилася, і собаки зникли.

Curly gisait morte dans la neige rouge et piétinée, son corps déchiré.

Кучерява лежала мертва на червоному, втоптаному снігу, її тіло було розірване на шматки.

Un homme à la peau sombre se tenait au-dessus d'elle, maudissant la scène brutale.

Темношкірий чоловік стояв над нею, проклинаючи цю жорстоку сцену.

Le souvenir est resté avec Buck et a hanté ses rêves la nuit.

Спогад залишився з Баком і переслідував його сни вночі.

C'était comme ça ici : pas d'équité, pas de seconde chance.

Так було тут: без справедливості немає другого шансу.

Une fois qu'un chien tombait, les autres le tuaient sans pitié.

Як тільки собака падає, інші вбивають його без милосердя.

Buck décida alors qu'il ne se permettrait jamais de tomber.

Тоді Бак вирішив, що ніколи не дозволить собі впасти.

Spitz tira à nouveau la langue et rit du sang.

Шпіц знову показав язика і засміявся з крові.

À partir de ce moment-là, Buck détesta Spitz de tout son cœur.

З тієї миті Бак зненавидів Шпіца всім серцем.

Avant que Buck ne puisse se remettre de la mort de Curly, quelque chose de nouveau s'est produit.

Перш ніж Бак встиг оговтатися від смерті Кучерява, сталося щось нове.

François s'est approché et a attaché quelque chose autour du corps de Buck.

Франсуа підійшов і чимось обв'язав Бака.

C'était un harnais comme ceux utilisés sur les chevaux du ranch.

Це була упряж, схожа на ту, що використовується для коней на ранчо.

Comme Buck avait vu les chevaux travailler, il devait maintenant travailler aussi.

Як Бак бачив, як працюють коні, тепер його теж змусили працювати.

Il a dû tirer François sur un traîneau dans la forêt voisine.

Йому довелося тягнути Франсуа на санчатах до сусіднього лісу.

Il a ensuite dû ramener une lourde charge de bois de chauffage.

Тоді йому довелося тягнути назад купу важких дров.

Buck était fier, donc cela lui faisait mal d'être traité comme un animal de travail.

Бак був гордий, тому йому було боляче, що до нього ставилися як до робочої тварини.

Mais il était sage et n'a pas essayé de lutter contre la nouvelle situation.

Але він був мудрим і не намагався боротися з новою ситуацією.

Il a accepté sa nouvelle vie et a donné le meilleur de lui-même dans chaque tâche.

Він прийняв своє нове життя і віддавався всім своїм силам у кожній справі.

Tout ce qui concernait ce travail lui était étrange et inconnu.

Все в цій роботі було для нього дивним і незнайомим.

François était strict et exigeait l'obéissance sans délai.

Франсуа був суворим і вимагав послуху без зволікання.

Son fouet garantissait que chaque ordre soit exécuté immédiatement.

Його батіг стежив за тим, щоб кожна команда виконувалася одразу.

Dave était le conducteur du traîneau, le chien le plus proche du traîneau derrière Buck.

Дейв був візником, собакою, що йшов найближче до саней позаду Бака.

Dave mordait Buck sur les pattes arrière s'il faisait une erreur.

Дейв кусав Бака за задні лапи, якщо той помилявся.

Spitz était le chien de tête, compétent et expérimenté dans ce rôle.

Шпіц був провідним собакою, вправним та досвідченим у цій ролі.

Spitz ne pouvait pas atteindre Buck facilement, mais il le corrigea quand même.

Шпіц не міг легко достукатися до Бака, але все ж виправив його.

Il grognait durement ou tirait le traîneau d'une manière qui enseignait à Buck.

Він різко гарчав або тягнув сани так, що Бак цього навчив.

Grâce à cette formation, Buck a appris plus vite que ce qu'ils avaient imaginé.

Завдяки цьому навчанню Бак навчався швидше, ніж будь-хто з них очікував.

Il a travaillé dur et a appris de François et des autres chiens.

Він наполегливо працював і навчався як у Франсуа, так і у інших собак.

À leur retour, Buck connaissait déjà les commandes clés.

На час їхнього повернення Бак вже знав ключові команди.

Il a appris à s'arrêter au son « ho » de François.

Він навчився зупинятися на звуку «хо» від Франсуа.

Il a appris quand il a dû tirer le traîneau et courir.

Він навчився, коли доводилося тягнути сани та бігти.

Il a appris à tourner largement dans les virages du sentier sans difficulté.

Він навчився без проблем широко повертати на поворотах стежки.

Il a également appris à éviter Dave lorsque le traîneau descendait rapidement.

Він також навчився уникати Дейва, коли сани швидко котилися вниз.

« Ce sont de très bons chiens », dit fièrement François à Perrault.

«Це дуже хороші собаки», — гордо сказав Франсуа Перро.
« Ce Buck tire comme un dingue, je lui apprends vite fait. »
«Цей Бак тягне, як чорт, — я вчу його дуже швидко».

Plus tard dans la journée, Perrault est revenu avec deux autres chiens husky.
Пізніше того ж дня Перро повернувся ще з двома хаскі.
Ils s'appelaient Billee et Joe, et ils étaient frères.
Їх звали Біллі та Джо, і вони були братами.
Ils venaient de la même mère, mais ne se ressemblaient pas du tout.
Вони походили від однієї матері, але були зовсім не схожі.
Billee était de nature douce et très amicale avec tout le monde.
Біллі була добродушною та надто дружньою з усіма.
Joe était tout le contraire : calme, en colère et toujours en train de grogner.
Джо був протилежністю — тихий, злий і завжди гарчав.
Buck les a accueillis de manière amicale et s'est montré calme avec eux deux.
Бак привітав їх дружелюбно і був спокійний з обома.
Dave ne leur prêta aucune attention et resta silencieux comme d'habitude.
Дейв не звернув на них уваги і, як завжди, мовчав.
Spitz a attaqué d'abord Billee, puis Joe, pour montrer sa domination.
Шпіц атакував спочатку Біллі, потім Джо, щоб показати своє панування.
Billee remua la queue et essaya d'être amical avec Spitz.
Біллі виляв хвостом і намагався бути привітним до Шпіца.
Lorsque cela n'a pas fonctionné, il a essayé de s'enfuir à la place.
Коли це не спрацювало, він натомість спробував втекти.
Il a pleuré tristement lorsque Spitz l'a mordu fort sur le côté.
Він сумно заплакав, коли Шпіц сильно вкусив його в бік.
Mais Joe était très différent et refusait d'être intimidé.

Але Джо був зовсім іншим і відмовився піддаватися знущанням.
Chaque fois que Spitz s'approchait, Joe se retournait pour lui faire face rapidement.
Щоразу, як Шпіц наближався, Джо швидко обертався до нього обличчям.
Sa fourrure se hérissa, ses lèvres se retroussèrent et ses dents claquèrent sauvagement.
Його хутро стало дибки, губи скривилися, а зуби шалено клацнули.
Les yeux de Joe brillaient de peur et de rage, défiant Spitz de frapper.
Очі Джо блищали від страху та люті, він провокував Шпіца на удар.
Spitz abandonna le combat et se détourna, humilié et en colère.
Шпіц припинив бій і відвернувся, принижений і розгніваний.
Il a déversé sa frustration sur le pauvre Billee et l'a chassé.
Він вилив своє роздратування на бідолашному Біллі та прогнав його.
Ce soir-là, Perrault ajouta un chien de plus à l'équipe.
Того вечора Перро додав до команди ще одного собаку.
Ce chien était vieux, maigre et couvert de cicatrices de guerre.
Цей собака був старий, худий і вкритий бойовими шрамами.
L'un de ses yeux manquait, mais l'autre brillait de puissance.
Одне його око було відсутнє, але інше блищало силою.
Le nom du nouveau chien était Solleks, ce qui signifiait « celui qui est en colère ».
Нового собаку звали Соллекс, що означало Розлючений.
Comme Dave, Solleks ne demandait rien aux autres et ne donnait rien en retour.
Як і Дейв, Соллекс нічого не просив від інших і нічого не давав натомість.

Lorsque Solleks entra lentement dans le camp, même Spitz resta à l'écart.

Коли Соллекс повільно зайшов до табору, навіть Шпіц залишився осторонь.

Il avait une étrange habitude que Buck a eu la malchance de découvrir.

У нього була дивна звичка, яку Баку, на жаль, не вдалося виявити.

Solleks détestait qu'on l'approche du côté où il était aveugle.

Соллекс ненавидів, коли до нього підходили з того боку, де він був сліпий.

Buck ne le savait pas et a fait cette erreur par accident.

Бак цього не знав і випадково зробив цю помилку.

Solleks se retourna et frappa l'épaule de Buck profondément et rapidement.

Соллекс обернувся і швидко й глибоко вдарив Бака по плечу.

À partir de ce moment, Buck ne s'est plus jamais approché du côté aveugle de Solleks.

З того моменту Бак ніколи не наближався до сліпого боку Соллекса.

Ils n'ont plus jamais eu de problèmes pendant le reste de leur temps ensemble.

У них більше ніколи не було проблем до кінця їхнього спільного життя.

Solleks voulait seulement être laissé seul, comme le calme Dave.

Соллекс хотів лише, щоб його залишили в спокої, як тихий Дейв.

Mais Buck apprendra plus tard qu'ils avaient chacun un autre objectif secret.

Але пізніше Бак дізнався, що у кожного з них була ще одна таємна мета.

Cette nuit-là, Buck a dû faire face à un nouveau défi troublant : comment dormir.

Тієї ночі Бак зіткнувся з новим і тривожним випробуванням — як спати.

La tente brillait chaleureusement à la lumière des bougies dans le champ enneigé.

Намет тепло світився світлом свічок на засніженому полі.

Buck entra, pensant qu'il pourrait se reposer là comme avant.

Бак зайшов всередину, думаючи, що зможе відпочити там, як і раніше.

Mais Perrault et François lui criaient dessus et lui jetaient des casseroles.

Але Перро та Франсуа кричали на нього та кидали сковорідки.

Choqué et confus, Buck s'est enfui dans le froid glacial.

Шокований і збентежений, Бак вибіг на крижаний мороз.

Un vent glacial piquait son épaule blessée et lui gelait les pattes.

Пронизливий вітер щипав його поранене плече та відморозив лапи.

Il s'est allongé dans la neige et a essayé de dormir à la belle étoile.

Він ліг на сніг і спробував спати просто неба.

Mais le froid l'obligea bientôt à se relever, tremblant terriblement.

Але холод невдовзі змусив його знову встати, сильно тремтячи.

Il erra dans le camp, essayant de trouver un endroit plus chaud.

Він блукав табором, намагаючись знайти тепліше місце.

Mais chaque coin était aussi froid que le précédent.

Але кожен куточок був таким же холодним, як і попередній.

Parfois, des chiens sauvages sautaient sur lui dans l'obscurité.

Іноді на нього з темряви стрибали дикі собаки.

Buck hérissa sa fourrure, montra ses dents et grogna en signe d'avertissement.

Бак наїжачився, вишкірився та застережливо загарчав.

Il apprenait vite et les autres chiens reculaient rapidement.

Він швидко навчався, а інші собаки швидко відступали.

Il n'avait toujours pas d'endroit où dormir et ne savait pas quoi faire.

Однак у нього не було де спати, і він не знав, що робити.

Finalement, une pensée lui vint : aller voir ses coéquipiers.

Нарешті йому спала на думку думка — перевірити своїх товаришів по команді.

Il est retourné dans leur région et a été surpris de les trouver partis.

Він повернувся до їхньої місцевості і здивувався, виявив, що їх немає.

Il chercha à nouveau dans le camp, mais ne parvint toujours pas à les trouver.

Він знову обшукав табір, але так і не зміг їх знайти.

Il savait qu'ils ne pouvaient pas être dans la tente, sinon il le serait aussi.

Він знав, що вони не можуть бути в наметі, бо інакше він теж би там був.

Alors, où étaient passés tous les chiens dans ce camp gelé ?

То куди ж поділися всі собаки в цьому замерзлому таборі?

Buck, froid et misérable, tournait lentement autour de la tente.

Бак, змерзлий і нещасний, повільно кружляв навколо намету.

Soudain, ses pattes avant s'enfoncèrent dans la neige molle et le surprit.

Раптом його передні лапи загрузли в м'який сніг і злякали його.

Quelque chose se tortilla sous ses pieds et il sursauta en arrière, effrayé.

Щось заворушилося під його ногами, і він відскочив назад від страху.

Il grogna et grogna, ne sachant pas ce qui se cachait sous la neige.

Він гарчав і гарчав, не знаючи, що ховається під снігом.

Puis il entendit un petit aboiement amical qui apaisa sa peur.

Потім він почув дружній тихий гавкіт, який розвіяв його страх.
Il renifla l'air et s'approcha pour voir ce qui était caché.
Він понюхав повітря і підійшов ближче, щоб побачити, що приховано.
Sous la neige, recroquevillée en boule chaude, se trouvait la petite Billee.
Під снігом, згорнувшись у теплу клубочку, лежала маленька Біллі.
Billee remua la queue et lécha le visage de Buck pour le saluer.
Біллі виляв хвостом і лизнув Бака в обличчя, вітаючи його.
Buck a vu comment Billee avait fabriqué un endroit pour dormir dans la neige.
Бак побачив, як Біллі влаштував собі місце для сну в снігу.
Il avait creusé et utilisé sa propre chaleur pour rester au chaud.
Він викопав землю і зігрівся власним теплом.
Buck avait appris une autre leçon : c'est ainsi que les chiens dormaient.
Бак засвоїв ще один урок — собаки спали саме так.
Il a choisi un endroit et a commencé à creuser son propre trou dans la neige.
Він вибрав місце і почав копати собі нору в снігу.
Au début, il bougeait trop et gaspillait de l'énergie.
Спочатку він занадто багато рухався і марнував енергію.
Mais bientôt son corps réchauffa l'espace et il se sentit en sécurité.
Але невдовзі його тіло зігріло простір, і він відчув себе в безпеці.
Il se recroquevilla étroitement et, peu de temps après, il s'endormit profondément.
Він міцно згорнувся калачиком і невдовзі міцно заснув.
La journée avait été longue et dure, et Buck était épuisé.
День був довгий і важкий, і Бак був виснажений.
Il dormait profondément et confortablement, même si ses rêves étaient fous.

Він спав міцно та комфортно, хоча снилися йому шалено.
Il grognait et aboyait dans son sommeil, se tordant pendant qu'il rêvait.
Він гарчав і гавкав уві сні, крутячись уві сні.

Buck ne s'est réveillé que lorsque le camp était déjà en train de prendre vie.
Бак не прокинувся, поки табір не почав оживати.
Au début, il ne savait pas où il était ni ce qui s'était passé.
Спочатку він не знав, де він і що сталося.
La neige était tombée pendant la nuit et avait complètement enseveli son corps.
Сніг випав уночі та повністю поховав його тіло.
La neige se pressait autour de lui, serrée de tous côtés.
Сніг тиснув навколо нього, щільно обвіваючи його з усіх боків.
Soudain, une vague de peur traversa tout le corps de Buck.
Раптом хвиля страху прокотилася по всьому тілу Бака.
C'était la peur d'être piégé, une peur venue d'instincts profonds.
Це був страх опинитися в пастці, страх, що випливав з глибоких інстинктів.
Bien qu'il n'ait jamais vu de piège, la peur vivait en lui.
Хоча він ніколи не бачив пастки, страх жив у ньому.
C'était un chien apprivoisé, mais maintenant ses vieux instincts sauvages se réveillaient.
Він був ручним собакою, але тепер у ньому прокидалися його старі дикі інстинкти.
Les muscles de Buck se tendirent et sa fourrure se dressa sur tout son dos.
М'язи Бака напружилися, а хутро стало дибки по всій спині.
Il grogna férocement et bondit droit dans la neige.
Він люто загарчав і стрибнув прямо вгору крізь сніг.
La neige volait dans toutes les directions alors qu'il faisait irruption dans la lumière du jour.
Сніг летів у всі боки, коли він вирвався на денне світло.

Avant même d'atterrir, Buck vit le camp s'étendre devant lui.
Ще до приземлення Бак побачив, як перед ним розкинувся табір.

Il se souvenait de tout ce qui s'était passé la veille, d'un seul coup.
Він одразу згадав усе з попереднього дня.

Il se souvenait d'avoir flâné avec Manuel et d'avoir fini à cet endroit.
Він пам'ятав, як прогулювався з Мануелем і опинився в цьому місці.

Il se souvenait avoir creusé le trou et s'être endormi dans le froid.
Він пам'ятав, як копав яму і заснув на холоді.

Maintenant, il était réveillé et le monde sauvage qui l'entourait était clair.
Тепер він прокинувся, і дикий світ навколо нього був ясним.

Un cri de François salua l'apparition soudaine de Buck.
Крик Франсуа привітав раптову появу Бака.

« Qu'est-ce que j'ai dit ? » cria le conducteur du chien à Perrault.
«Що я сказав?» — голосно крикнув погонич собаки Перро.

« Ce Buck apprend vraiment très vite », a ajouté François.
«Цей Бак справді швидко навчається», – додав Франсуа.

Perrault hocha gravement la tête, visiblement satisfait du résultat.
Перро серйозно кивнув, явно задоволений результатом.

En tant que courrier pour le gouvernement canadien, il transportait des dépêches.
Як кур'єр канадського уряду, він перевозив депеші.

Il était impatient de trouver les meilleurs chiens pour son importante mission.
Він прагнув знайти найкращих собак для своєї важливої місії.

Il se sentait particulièrement heureux maintenant que Buck faisait partie de l'équipe.

Він був особливо радий тепер, що Бак був частиною команди.

Trois autres huskies ont été ajoutés à l'équipe en une heure.

Протягом години до команди додали ще трьох хаскі.

Cela porte le nombre total de chiens dans l'équipe à neuf.

Таким чином, загальна кількість собак у команді зросла до дев'яти.

En quinze minutes, tous les chiens étaient dans leurs harnais.

За п'ятнадцять хвилин усі собаки були в шлейках.

L'équipe de traîneaux remontait le sentier en direction du canyon de Dyea.

Санна упряжка піднімалася стежкою до каньйону Дайя.

Buck était heureux de partir, même si le travail à venir était difficile.

Бак був радий йти, навіть якщо робота попереду була важка.

Il s'est rendu compte qu'il ne détestait pas particulièrement le travail ou le froid.

Він виявив, що не особливо зневажає працю чи холод.

Il a été surpris par l'empressement qui a rempli toute l'équipe.

Його здивувало завзяття, яке сповнило всю команду.

Encore plus surprenant fut le changement qui s'était produit chez Dave et Solleks.

Ще більш дивовижною була зміна, яка сталася з Дейвом і Соллексом.

Ces deux chiens étaient complètement différents lorsqu'ils étaient attelés.

Ці дві собаки були зовсім різними, коли їх запрягали.

Leur passivité et leur manque d'intérêt avaient complètement disparu.

Їхня пасивність та байдужість повністю зникли.

Ils étaient alertes et actifs, et désireux de bien faire leur travail.

Вони були пильними, активними та прагнули добре виконувати свою роботу.

Ils s'irritaient violemment à tout ce qui pouvait provoquer un retard ou une confusion.
Їх люто дратувало все, що спричиняло затримку чи плутанину.
Le travail acharné sur les rênes était le centre de tout leur être.
Важка робота з віжками була центром усього їхнього єства.
Tirer un traîneau semblait être la seule chose qu'ils appréciaient vraiment.
Здавалося, що єдине, що їм справді подобалося, — це тягнути за собою санки.
Dave était à l'arrière du groupe, le plus proche du traîneau lui-même.
Дейв був у задній частині групи, найближче до самих саней.
Buck a été placé devant Dave, et Solleks a dépassé Buck.
Бака посадили попереду Дейва, а Соллекс вирвався попереду Бака.
Le reste des chiens était aligné devant eux en file indienne.
Решта собак вишикувалися попереду гуськом.
La position de tête à l'avant était occupée par Spitz.
Провідну позицію попереду зайняв Шпітц.
Buck avait été placé entre Dave et Solleks pour l'instruction.
Бака для інструктажу посадили між Дейвом і Соллексом.
Il apprenait vite et ils étaient des professeurs fermes et compétents.
Він швидко навчався, а вони були наполегливими та здібними вчителями.
Ils n'ont jamais permis à Buck de rester longtemps dans l'erreur.
Вони ніколи не дозволяли Баку довго помилятися.
Ils ont enseigné leurs leçons avec des dents acérées quand c'était nécessaire.
Вони викладали свої уроки гострими зубами, коли це було потрібно.

Dave était juste et faisait preuve d'une sagesse calme et sérieuse.
Дейв був справедливим і виявляв тиху, серйозну мудрість.
Il n'a jamais mordu Buck sans une bonne raison de le faire.
Він ніколи не кусав Бака без вагомої причини.
Mais il n'a jamais manqué de mordre lorsque Buck avait besoin d'être corrigé.
Але він завжди кусався, коли Бака потрібно було виправити.
Le fouet de François était toujours prêt et soutenait leur autorité.
Батіг Франсуа завжди був напоготові та підтримував їхній авторитет.
Buck a vite compris qu'il valait mieux obéir que riposter.
Бак невдовзі зрозумів, що краще слухатися, ніж чинити опір.
Un jour, lors d'un court repos, Buck s'est emmêlé dans les rênes.
Одного разу, під час короткого відпочинку, Бак заплутався у поводи.
Il a retardé le départ et a perturbé le mouvement de l'équipe.
Він затримав старт і заплутав рух команди.
Dave et Solleks se sont jetés sur lui et lui ont donné une raclée.
Дейв і Соллекс накинулися на нього та жорстоко побили.
L'enchevêtrement n'a fait qu'empirer, mais Buck a bien appris sa leçon.
Сплутування лише погіршувалося, але Бак добре засвоїв урок.
Dès lors, il garda les rênes tendues et travailla avec soin.
Відтоді він тримав віжки натягнутими та працював обережно.
Avant la fin de la journée, Buck avait maîtrisé une grande partie de sa tâche.
Ще до кінця дня Бак встиг опанувати більшу частину свого завдання.

Ses coéquipiers ont presque arrêté de le corriger ou de le mordre.
Його товариші по команді майже перестали його виправляти чи кусати.
Le fouet de François claquait de moins en moins souvent dans l'air.
Батіг Франсуа тріщав у повітрі все рідше й рідше.
Perrault a même soulevé les pieds de Buck et a soigneusement examiné chaque patte.
Перро навіть підняв ноги Бака та уважно оглянув кожну лапу.
Cela avait été une journée de course difficile, longue et épuisante pour eux tous.
Це був важкий день бігу, довгий і виснажливий для всіх них.
Ils remontèrent le Cañon, traversèrent Sheep Camp et passèrent devant les Scales.
Вони піднялися каньйоном, пройшли через Овечий табір і повз Терези.
Ils ont traversé la limite des forêts, puis des glaciers et des congères de plusieurs mètres de profondeur.
Вони перетнули межу лісу, потім льодовики та снігові замети завглибшки в багато футів.
Ils ont escaladé la grande et froide chaîne de montagnes Chilkoot Divide.
Вони піднялися на великий холодний і непривітний Чілкутський вододіл.
Cette haute crête se dressait entre l'eau salée et l'intérieur gelé.
Той високий хребет стояв між солоною водою та замерзлими внутрішніми просторами.
Les montagnes protégeaient le Nord triste et solitaire avec de la glace et des montées abruptes.
Гори охороняли сумну та самотню Північ льодом та крутими підйомами.
Ils ont parcouru à bon rythme une longue chaîne de lacs en aval de la ligne de partage des eaux.

Вони швидко спустилися довгим ланцюгом озер нижче вододілу.

Ces lacs remplissaient les anciens cratères de volcans éteints.

Ці озера заповнювали стародавні кратери згаслих вулканів.

Tard dans la nuit, ils atteignirent un grand camp au bord du lac Bennett.

Пізно тієї ж ночі вони дісталися великого табору на озері Беннетт.

Des milliers de chercheurs d'or étaient là, construisant des bateaux pour le printemps.

Тисячі золотошукачів були там, будуючи човни на весну.

La glace allait bientôt se briser et ils devaient être prêts.

Лід скоро мав розтанути, і вони мали бути готові.

Buck creusa son trou dans la neige et tomba dans un profond sommeil.

Бак викопав собі нору в снігу та міцно заснув.

Il dormait comme un ouvrier, épuisé par une dure journée de travail.

Він спав, як робітник, виснажений важким робочим днем.

Mais trop tôt dans l'obscurité, il fut tiré de son sommeil.

Але надто рано, у темряві, його витягли зі сну.

Il fut à nouveau attelé avec ses compagnons et attaché au traîneau.

Його знову запрягли разом з його товаришами та прив'язали до саней.

Ce jour-là, ils ont parcouru quarante milles, car la neige était bien battue.

Того дня вони подолали сорок миль, бо сніг був добре втоптаний.

Le lendemain, et pendant plusieurs jours après, la neige était molle.

Наступного дня, і ще багато днів після цього, сніг був м'яким.

Ils ont dû faire le chemin eux-mêmes, en travaillant plus dur et en avançant plus lentement.

Їм довелося прокладати стежку самостійно, працюючи старанніше та рухаючись повільніше.

Habituellement, Perrault marchait devant l'équipe avec des raquettes palmées.

Зазвичай Перро йшов попереду команди на снігоступах з перетинками.

Ses pas ont compacté la neige, facilitant ainsi le déplacement du traîneau.

Його кроки утрамбовували сніг, полегшуючи рух саней.

François, qui dirigeait depuis le mât, prenait parfois le relais.

Франсуа, який керував з вудки, іноді брав керування на себе.

Mais il était rare que François prenne les devants

Але Франсуа рідко виходив на перший план

parce que Perrault était pressé de livrer les lettres et les colis.

бо Перро поспішав доставити листи та посилки.

Perrault était fier de sa connaissance de la neige, et surtout de la glace.

Перро пишався своїми знаннями про сніг, а особливо про лід.

Cette connaissance était essentielle, car la glace d'automne était dangereusement mince.

Ці знання були вкрай важливими, бо осінній лід був небезпечно тонким.

Là où l'eau coulait rapidement sous la surface, il n'y avait pas du tout de glace.

Там, де вода швидко текла під поверхнею, льоду взагалі не було.

Jour après jour, la même routine se répétait sans fin.

День за днем та сама рутина повторювалася без кінця.

Buck travaillait sans relâche sur les rênes, de l'aube jusqu'à la nuit.

Бак безкінечно трудився на віжах від світанку до ночі.

Ils quittèrent le camp dans l'obscurité, bien avant le lever du soleil.

Вони покинули табір у темряві, задовго до сходу сонця.

Au moment où le jour se leva, ils avaient déjà parcouru de nombreux kilomètres.
Коли настало світло, багато миль вже було позаду.
Ils ont installé leur campement après la tombée de la nuit, mangeant du poisson et creusant dans la neige.
Вони розбивали табір після настання темряви, їли рибу та заривалися в сніг.
Buck avait toujours faim et n'était jamais vraiment satisfait de sa ration.
Бак завжди був голодний і ніколи по-справжньому не задовольнявся своїм пайком.
Il recevait une livre et demie de saumon séché chaque jour.
Щодня він отримував півтора фунта сушеного лосося.
Mais la nourriture semblait disparaître en lui, laissant la faim derrière elle.
Але їжа ніби зникла в ньому, залишивши позаду голод.
Il souffrait constamment de la faim et rêvait de plus de nourriture.
Він страждав від постійних мук голоду і мріяв про більше їжі.
Les autres chiens n'ont pris qu'une livre, mais ils sont restés forts.
Інші собаки отримали лише один фунт їжі, але вони залишалися сильними.
Ils étaient plus petits et étaient nés dans le mode de vie du Nord.
Вони були менші на зріст і народилися в північному середовищі.
Il perdit rapidement la méticulosité qui avait marqué son ancienne vie.
Він швидко втратив педантичність, яка характеризувала його колишнє життя.
Il avait été un mangeur délicat, mais maintenant ce n'était plus possible.
Він був вишуканим їдцем, але тепер це було неможливо.
Ses camarades ont terminé premiers et lui ont volé sa ration inachevée.

Його товариші закінчили першими та пограбували його недоїдений пайок.

Une fois qu'ils ont commencé, il n'y avait aucun moyen de défendre sa nourriture contre eux.

Як тільки вони почали, захистити від них свою їжу було неможливо.

Pendant qu'il combattait deux ou trois chiens, les autres volaient le reste.

Поки він відбивався від двох чи трьох собак, інші вкрали решту.

Pour résoudre ce problème, il a commencé à manger aussi vite que les autres.

Щоб виправити це, він почав їсти так само швидко, як і інші.

La faim le poussait tellement qu'il prenait même de la nourriture qui n'était pas la sienne.

Голод так його мучив, що він навіть брав чужу їжу.

Il observait les autres et apprenait rapidement de leurs actions.

Він спостерігав за іншими та швидко вчився з їхніх дій.

Il a vu Pike, un nouveau chien, voler une tranche de bacon à Perrault.

Він бачив, як Пайк, новий собака, вкрав у Перро шматочок бекону.

Pike avait attendu que Perrault ait le dos tourné pour voler le bacon.

Пайк чекав, поки Перро повернеться спиною, щоб вкрасти бекон.

Le lendemain, Buck a copié Pike et a volé tout le morceau.

Наступного дня Бак скопіював Пайка та вкрав увесь шматок.

Un grand tumulte s'ensuivit, mais Buck ne fut pas suspecté.

Зчинився великий галас, але Бака ніхто не запідозрив.

Dub, un chien maladroit qui se faisait toujours prendre, a été puni à la place.

Замість цього покарали Даба, незграбного собаку, якого завжди ловили.

Ce premier vol a fait de Buck un chien apte à survivre dans le Nord.
Та перша крадіжка позначала Бака як собаку, здатного вижити на Півночі.
Il a montré qu'il pouvait s'adapter à de nouvelles conditions et apprendre rapidement.
Він показав, що може швидко адаптуватися до нових умов та навчатися.
Sans une telle adaptabilité, il serait mort rapidement et gravement.
Без такої адаптивності він би помер швидко та тяжко.
Cela a également marqué l'effondrement de sa nature morale et de ses valeurs passées.
Це також ознаменувало крах його моральної природи та минулих цінностей.
Dans le Southland, il avait vécu sous la loi de l'amour et de la bonté.
На Півдні він жив за законом любові та доброти.
Là, il était logique de respecter la propriété et les sentiments des autres chiens.
Там мало сенс поважати власність та почуття інших собак.
Mais le Northland suivait la loi du club et la loi du croc.
Але Північна земля дотримувалася закону палиці та закону ікла.
Quiconque respectait les anciennes valeurs ici était stupide et échouerait.
Той, хто тут поважав старі цінності, був дурнем і зазнає невдачі.
Buck n'a pas réfléchi à tout cela dans son esprit.
Бак не міг обміркувати все це в голові.
Il était en forme et s'est donc adapté sans avoir besoin de réfléchir.
Він був у формі, тому пристосовувався, не замислюючись.
De toute sa vie, il n'avait jamais fui un combat.
За все своє життя він ніколи не тікав від бійки.
Mais la massue en bois de l'homme au pull rouge a changé cette règle.

Але дерев'яна палиця чоловіка в червоному светрі змінила це правило.

Il suivait désormais un code plus profond et plus ancien, inscrit dans son être.

Тепер він дотримувався глибшого, давнішого коду, записаного в його єстві.

Il ne volait pas par plaisir, mais par faim.

Він крав не із задоволення, а від муки голоду.

Il n'a jamais volé ouvertement, mais il a volé avec ruse et prudence.

Він ніколи не грабував відкрито, а крав хитрістю та обережністю.

Il a agi par respect pour la massue en bois et par peur du croc.

Він діяв з поваги до дерев'яної палиці та страху перед іклом.

En bref, il a fait ce qui était plus facile et plus sûr que de ne pas le faire.

Коротше кажучи, він зробив те, що було легше та безпечніше, ніж не робити цього.

Son développement – ou peut-être son retour à ses anciens instincts – fut rapide.

Його розвиток — чи, можливо, його повернення до старих інстинктів — був швидким.

Ses muscles se durcirent jusqu'à devenir aussi forts que du fer.

Його м'язи затверділи, аж поки не стали міцними, як залізо.

Il ne se souciait plus de la douleur, à moins qu'elle ne soit grave.

Його більше не хвилював біль, хіба що він був серйозним.

Il est devenu efficace à l'intérieur comme à l'extérieur, ne gaspillant rien du tout.

Він став ефективним як зсередини, так і зовні, нічого не витрачаючи даремно.

Il pouvait manger des choses viles, pourries ou difficiles à digérer.

Він міг їсти мерзенну, гнилу або важкоперетравлювану їжу.
Quoi qu'il mange, son estomac utilisait jusqu'au dernier morceau de valeur.
Що б він не їв, його шлунок використовував усе, що було цінного.
Son sang transportait les nutriments loin dans son corps puissant.
Його кров розносила поживні речовини далеко по його могутньому тілу.
Cela a créé des tissus solides qui lui ont donné une endurance incroyable.
Це зміцнило тканини, що дало йому неймовірну витривалість.
Sa vue et son odorat sont devenus beaucoup plus sensibles qu'avant.
Його зір і нюх стали набагато чутливішими, ніж раніше.
Son ouïe est devenue si fine qu'il pouvait détecter des sons faibles pendant son sommeil.
Його слух став настільки гострим, що він міг розрізняти ледь помітні звуки уві сні.
Il savait dans ses rêves si les sons signifiaient sécurité ou danger.
Він знав у своїх снах, що означають ці звуки: безпеку чи небезпеку.
Il a appris à mordre la glace entre ses orteils avec ses dents.
Він навчився гризти зубами лід між пальцями ніг.
Si un point d'eau gelait, il brisait la glace avec ses jambes.
Якщо водопій замерзав, він розбивав лід ногами.
Il se cabra et frappa violemment la glace avec ses membres antérieurs raides.
Він піднявся дибки і сильно вдарив по льоду затверділими передніми кінцівками.
Sa capacité la plus frappante était de prédire les changements de vent pendant la nuit.
Його найвражаючою здатністю було передбачення змін вітру протягом ночі.

Même lorsque l'air était calme, il choisissait des endroits abrités du vent.
Навіть коли повітря було нерухомим, він вибирав місця, захищені від вітру.

Partout où il creusait son nid, le vent du lendemain le passait à côté de lui.
Де б він не викопав своє гніздо, наступного дня вітер обійшов його.

Il finissait toujours par se blottir et se protéger, sous le vent.
Він завжди опинявся затишно та захищено, підвітряно від вітерцю.

Buck n'a pas seulement appris par l'expérience : son instinct est également revenu.
Бак не лише навчався на досвіді — до нього також повернулися інстинкти.

Les habitudes des générations domestiquées ont commencé à disparaître.
Звички одомашнених поколінь почали зникати.

De manière vague, il se souvenait des temps anciens de sa race.
Якось нечітко він згадував давні часи свого племені.

Il repensa à l'époque où les chiens sauvages couraient en meute dans les forêts.
Він згадав часи, коли дикі собаки бігали зграями лісами.

Ils avaient poursuivi et tué leur proie en la poursuivant.
Вони переслідували та вбивали свою здобич, переслідуючи її.

Il était facile pour Buck d'apprendre à se battre avec force et rapidité.
Баку було легко навчитися битися зубами та швидко.

Il utilisait des coupures, des entailles et des coups rapides, tout comme ses ancêtres.
Він використовував порізи, різи та швидкі клацання, як і його предки.

Ces ancêtres se sont réveillés en lui et ont réveillé sa nature sauvage.

Ті предки ворухнулися в ньому та пробудили його дику природу.
Leurs anciennes compétences lui avaient été transmises par le sang.
Їхні старі навички перейшли до нього по кровній лінії.
Leurs tours étaient désormais à lui, sans besoin de pratique ni d'effort.
Тепер їхні трюки були його, без потреби в практиці чи зусиллях.

Lors des nuits calmes et froides, Buck levait le nez et hurlait.
Тихими, холодними ночами Бак задирав носа та вив.
Il hurla longuement et profondément, comme le faisaient les loups autrefois.
Він вив довго й гучно, як це робили вовки колись давно.
À travers lui, ses ancêtres morts pointaient leur nez et hurlaient.
Крізь нього його померлі предки висовували носи та вили.
Ils ont hurlé à travers les siècles avec sa voix et sa forme.
Вони вили крізь століття його голосом і формою.
Ses cadences étaient les leurs, de vieux cris qui parlaient de chagrin et de froid.
Його ритми були їхніми, давні крики, що свідчили про горе та холод.
Ils chantaient l'obscurité, la faim et le sens de l'hiver.
Вони співали про темряву, голод і значення зими.
Buck a prouvé que la vie est façonnée par des forces qui nous dépassent.
Бак довів, як життя формується силами, що перебувають поза межами особистості.
L'ancienne chanson s'éleva à travers Buck et s'empara de son âme.
Стародавня пісня піднялася крізь Бака і полонила його душу.
Il s'est retrouvé parce que les hommes avaient trouvé de l'or dans le Nord.
Він знайшов себе, бо люди знайшли золото на Півночі.

Et il s'est retrouvé parce que Manuel, l'aide du jardinier, avait besoin d'argent.
А він опинився там, бо Мануелю, помічнику садівника, потрібні були гроші.

La Bête Primordiale Dominante
Домінантний Первісний Звір

La bête primordiale dominante était aussi forte que jamais en Buck.
Домінантний первісний звір був у Баку таким же сильним, як і завжди.

Mais la bête primordiale dominante sommeillait en lui.
Але домінантний первісний звір дрімав у ньому.

La vie sur le sentier était dure, mais elle renforçait la bête qui sommeillait en Buck.
Життя на стежці було суворим, але воно зміцнило звірину в Баку.

Secrètement, la bête devenait de plus en plus forte chaque jour.
Таємно звір з кожним днем ставав все сильнішим і сильнішим.

Mais cette croissance intérieure est restée cachée au monde extérieur.
Але цей внутрішній ріст залишався прихованим від зовнішнього світу.

Une force primordiale, calme et tranquille, se construisait à l'intérieur de Buck.
Усередині Бака нарощувалася тиха та спокійна первісна сила.

Une nouvelle ruse a donné à Buck l'équilibre, le calme, le contrôle et l'équilibre.
Нова хитрість надала Баку рівноваги, спокійного самовладання та витримки.

Buck s'est concentré sur son adaptation, sans jamais se sentir complètement détendu.
Бак зосередився на адаптації, ніколи не відчуваючи повного розслаблення.

Il évitait les conflits, ne déclenchait jamais de bagarres et ne cherchait jamais les ennuis.
Він уникав конфліктів, ніколи не розпочинав сварок і не шукав неприємностей.

Une réflexion lente et constante façonnait chaque mouvement de Buck.
Повільна, рівна задумливість формувала кожен рух Бака.
Il évitait les choix irréfléchis et les décisions soudaines et imprudentes.
Він уникав необдуманих рішень та раптових, необдуманих рішень.
Bien que Buck détestait profondément Spitz, il ne lui montrait aucune agressivité.
Хоча Бак глибоко ненавидів Шпіца, він не виявляв до нього жодної агресії.
Buck n'a jamais provoqué Spitz et a gardé ses actions contenues.
Бак ніколи не провокував Шпіца і дотримувався стриманості у своїх діях.
Spitz, de son côté, sentait le danger grandissant chez Buck.
Шпіц, навпаки, відчував зростаючу небезпеку з боку Бака.
Il considérait Buck comme une menace et un sérieux défi à son pouvoir.
Він бачив у Баку загрозу та серйозний виклик своїй владі.
Il profitait de chaque occasion pour grogner et montrer ses dents acérées.
Він використовував кожну нагоду, щоб загарчати та показати свої гострі зуби.
Il essayait de déclencher le combat mortel qui devait avoir lieu.
Він намагався розпочати смертельну битву, яка мала відбутися.
Au début du voyage, une bagarre a failli éclater entre eux.
На початку подорожі між ними ледь не спалахнула бійка.
Mais un accident inattendu a empêché le combat d'avoir lieu.
Але несподіваний випадок завадив бійці.
Ce soir-là, ils installèrent leur campement sur le lac Le Barge, extrêmement froid.
Того вечора вони розбили табір на пронизливо холодному озері Ле-Барж.

La neige tombait fort et le vent soufflait comme un couteau.
Сніг падав сильно, а вітер різав, як ніж.
La nuit était venue trop vite et l'obscurité les entourait.
Ніч настала надто швидко, і їх огортала темрява.
Ils n'auraient pas pu choisir un pire endroit pour se reposer.
Вони навряд чи могли обрати гірше місце для відпочинку.
Les chiens cherchaient désespérément un endroit où se coucher.
Собаки відчайдушно шукали місце, де можна було б лягти.
Un haut mur de roche s'élevait abruptement derrière le petit groupe.
Висока скеляста стіна круто здіймалася позаду невеликої групи.
La tente avait été laissée à Dyea pour alléger la charge.
Намет залишили в Дайї, щоб полегшити вантаж.
Ils n'avaient pas d'autre choix que d'allumer le feu sur la glace elle-même.
У них не було іншого вибору, окрім як розпалити багаття на самому льоду.
Ils étendent leurs robes de nuit directement sur le lac gelé.
Вони розстелили свої спальні шати прямо на замерзлому озері.
Quelques bâtons de bois flotté leur ont donné un peu de feu.
Кілька паличок плавника дали їм трохи вогню.
Mais le feu s'est allumé sur la glace et a fondu à travers elle.
Але вогонь розпалювали на льоду і розтанув крізь нього.
Finalement, ils mangeaient leur dîner dans l'obscurité.
Зрештою вони вечеряли в темряві.
Buck s'est recroquevillé près du rocher, à l'abri du vent froid.
Бак згорнувся калачиком біля скелі, сховавшись від холодного вітру.
L'endroit était si chaud et sûr que Buck détestait déménager.
Місце було таке тепле та безпечне, що Бак ненавидів звідти відходити.
Mais François avait réchauffé le poisson et distribuait les rations.

Але Франсуа розігрів рибу і роздавав пайки.

Buck finit de manger rapidement et retourna dans son lit.

Бак швидко закінчив їсти і повернувся до ліжка.

Mais Spitz était maintenant allongé là où Buck avait fait son lit.

Але Шпіц тепер лежав там, де Бак постелив йому ліжко.

Un grognement sourd avertit Buck que Spitz refusait de bouger.

Тихе гарчання попередило Бака, що Шпіц відмовився рухатися.

Jusqu'à présent, Buck avait évité ce combat avec Spitz.

Досі Бак уникав цієї сутички зі Шпіцем.

Mais au plus profond de Buck, la bête s'est finalement libérée.

Але глибоко всередині Бака звір нарешті вирвався на волю.

Le vol de son lieu de couchage était trop difficile à tolérer.

Крадіжка його спального місця була нестерпною.

Buck se lança sur Spitz, plein de colère et de rage.

Бак кинувся на Шпіца, сповнений гніву та люті.

Jusqu'à présent, Spitz pensait que Buck n'était qu'un gros chien.

Досі Шпіц думав, що Бак — просто великий собака.

Il ne pensait pas que Buck avait survécu grâce à son esprit.

Він не думав, що Бак вижив завдяки своєму духу.

Il s'attendait à la peur et à la lâcheté, pas à la fureur et à la vengeance.

Він очікував страху та боягузтва, а не люті та помсти.

François regarda les deux chiens sortir du nid en ruine.

Франсуа дивився, як обидва собаки вискочили з зруйнованого гнізда.

Il comprit immédiatement ce qui avait déclenché cette lutte sauvage.

Він одразу зрозумів, що почало цю шалену боротьбу.

« Aa-ah ! » s'écria François en soutien au chien brun.

«А-а!» — вигукнув Франсуа, підтримуючи бурого собаку.

« Frappez-le ! Par Dieu, punissez ce voleur sournois ! »

«Дай йому відлупцювати! Й Боже, покарай цього підступного злодія!»

Spitz a montré une volonté égale et une impatience folle de se battre.

Шпіц демонстрував однакову готовність і шалене бажання битися.

Il cria de rage tout en tournant rapidement en rond, cherchant une ouverture.

Він крикнув від люті, швидко кружляючи, шукаючи прохід.

Buck a montré la même soif de combat et la même prudence.

Бак виявляв таке ж жагу до боротьби та таку ж обережність.

Il a également encerclé son adversaire, essayant de prendre le dessus dans la bataille.

Він також обійшов свого супротивника, намагаючись отримати перевагу в битві.

Puis quelque chose d'inattendu s'est produit et a tout changé.

Потім сталося щось несподіване і все змінило.

Ce moment a retardé l'éventuelle lutte pour le leadership.

Цей момент відтермінував остаточну боротьбу за лідерство.

De nombreux kilomètres de piste et de lutte attendaient encore avant la fin.

Багато миль стежки та боротьби ще чекали на кінець.

Perrault cria un juron tandis qu'une massue frappait un os.

Перро вилаявся, коли палиця вдарилася об кістку.

Un cri aigu de douleur suivit, puis le chaos explosa tout autour.

Пролунав різкий крик болю, а потім навколо вибухнув хаос.

Des formes sombres se déplaçaient dans le camp ; des huskies sauvages, affamés et féroces.

Темні постаті рухалися табором; дикі хаскі, голодні та люті.

Quatre ou cinq douzaines de huskies avaient reniflé le camp de loin.

Чотири чи п'ять десятків хаскі винюхали табір здалеку.

Ils s'étaient glissés discrètement pendant que les deux chiens se battaient à proximité.

Вони тихенько прокралися всередину, поки два собаки билися неподалік.

François et Perrault chargèrent en brandissant des massues sur les envahisseurs.

Франсуа та Перро кинулися в атаку, розмахуючи кийками на загарбників.

Les huskies affamés ont montré les dents et ont riposté avec frénésie.

Зголоднілі хаскі показали зуби та шалено відбилися.

L'odeur de la viande et du pain les avait chassés de toute peur.

Запах м'яса та хліба прогнав їх із себе всякий страх.

Perrault battait un chien qui avait enfoui sa tête dans la boîte à nourriture.

Перро побив собаку, який зарився головою в скриню з їжею.

Le coup a été violent et la boîte s'est retournée, la nourriture s'est répandue.

Удар був сильним, коробка перекинулася, і їжа розсипалася.

En quelques secondes, une vingtaine de bêtes sauvages déchirèrent le pain et la viande.

За лічені секунди десятки диких звірів роздерли хліб і м'ясо.

Les clubs masculins ont porté coup sur coup, mais aucun chien ne s'est détourné.

Чоловічі кийки завдавали удару за ударом, але жоден собака не відвернувся.

Ils hurlaient de douleur, mais se battaient jusqu'à ce qu'il ne reste plus de nourriture.

Вони вили від болю, але билися, доки не залишилося їжі.

Pendant ce temps, les chiens de traîneau avaient sauté de leurs lits enneigés.
Тим часом їздові собаки зістрибнули зі своїх засніжених ліжок.
Ils ont été immédiatement attaqués par les huskies vicieux et affamés.
На них миттєво напали люті голодні хаскі.
Buck n'avait jamais vu de créatures aussi sauvages et affamées auparavant.
Бак ніколи раніше не бачив таких диких і голодних істот.
Leur peau pendait librement, cachant à peine leur squelette.
Їхня шкіра вільно звисала, ледве приховуючи їхні скелети.
Il y avait un feu dans leurs yeux, de faim et de folie
В їхніх очах горів вогонь від голоду та божевілля
Il n'y avait aucun moyen de les arrêter, aucune résistance à leur ruée sauvage.
Їх не можна було зупинити, не можна було чинити опір їхньому дикому нападу.
Les chiens de traîneau furent repoussés, pressés contre la paroi de la falaise.
Їзових собак відштовхнули назад, притиснувши до стіни скелі.
Trois huskies ont attaqué Buck en même temps, déchirant sa chair.
Троє хаскі одночасно напали на Бака, розриваючи його плоть.
Du sang coulait de sa tête et de ses épaules, là où il avait été coupé.
Кров лилася з його голови та плечей, де його порізали.
Le bruit remplissait le camp : grognements, cris et cris de douleur.
Шум наповнив табір: гарчання, вереск і крики болю.
Billee pleurait fort, comme d'habitude, prise dans la mêlée et la panique.
Біллі голосно заплакала, як завжди, посеред сутички та паніки.

Dave et Solleks se tenaient côte à côte, saignant mais provocants.
Дейв і Соллекс стояли пліч-о-пліч, стікаючи кров'ю, але зухвало.
Joe s'est battu comme un démon, mordant tout ce qui s'approchait.
Джо бився, як демон, кусаючи все, що наближалося.
Il a écrasé la jambe d'un husky d'un claquement brutal de ses mâchoires.
Він одним жорстоким клацанням щелеп розчавив ногу хаскі.
Pike a sauté sur le husky blessé et lui a brisé le cou instantanément.
Щука стрибнула на поранену лайку та миттєво зламала їй шию.
Buck a attrapé un husky par la gorge et lui a déchiré la veine.
Бак схопив хаскі за горло та розірвав вену.
Le sang gicla et le goût chaud poussa Buck dans une frénésie.
Бризнула кров, а теплий смак довів Бака до шаленства.
Il s'est jeté sur un autre agresseur sans hésitation.
Він без вагань кинувся на іншого нападника.
Au même moment, des dents acérées s'enfoncèrent dans la gorge de Buck.
Тієї ж миті гострі зуби вп'ялися в горло Бака.
Spitz avait frappé de côté, attaquant sans avertissement.
Шпіц завдав удару збоку, атакуючи без попередження.
Perrault et François avaient vaincu les chiens en volant la nourriture.
Перро та Франсуа перемогли собак, які крали їжу.
Ils se sont alors précipités pour aider leurs chiens à repousser les attaquants.
Тепер вони кинулися допомагати своїм собакам відбиватися від нападників.
Les chiens affamés se retirèrent tandis que les hommes brandissaient leurs gourdins.

Голодні собаки відступили, коли чоловіки розмахували своїми кийками.
Buck s'est libéré de l'attaque, mais l'évasion a été brève.
Бак вирвався з-під нападу, але втеча була недовгою.
Les hommes ont couru pour sauver leurs chiens, et les huskies ont de nouveau afflué.
Чоловіки побігли рятувати своїх собак, і хаскі знову зграєю нахлинули на них.
Billee, effrayé et courageux, sauta dans la meute de chiens.
Біллі, наляканий до сміливості, стрибнув у зграю собак.
Mais il s'est alors enfui sur la glace, saisi de terreur et de panique.
Але потім він утік по льоду, охоплений жахом і панікою.
Pike et Dub suivaient de près, courant pour sauver leur vie.
Пайк і Даб йшли одразу позаду, рятуючи своє життя.
Le reste de l'équipe s'est séparé et dispersé, les suivant.
Решта команди розбіглася та побігла за ними.
Buck rassembla ses forces pour courir, mais vit alors un éclair.
Бак зібрав сили, щоб бігти, але раптом побачив спалах.
Spitz s'est jeté sur le côté de Buck, essayant de le faire tomber au sol.
Шпіц кинувся на Бака, намагаючись збити його з ніг.
Sous cette foule de huskies, Buck n'aurait eu aucune échappatoire.
Під таким натовпом хаскі Баку не було б порятунку.
Mais Buck est resté ferme et s'est préparé au coup de Spitz.
Але Бак стояв твердо і готувався до удару Шпіца.
Puis il s'est retourné et a couru sur la glace avec l'équipe en fuite.
Потім він розвернувся і вибіг на лід разом з командою, що тікала.

Plus tard, les neuf chiens de traîneau se sont rassemblés à l'abri des bois.
Пізніше дев'ять їздових собак зібралися в лісовому укритті.

Personne ne les poursuivait plus, mais ils étaient battus et blessés.
Ніхто їх більше не переслідував, але вони були побиті та поранені.
Chaque chien avait des blessures ; quatre ou cinq coupures profondes sur chaque corps.
У кожного собаки були рани; чотири чи п'ять глибоких порізів на тілі.
Dub avait une patte arrière blessée et avait du mal à marcher maintenant.
У Дуба була травма задньої ноги, і йому тепер було важко ходити.
Dolly, le nouveau chien de Dyea, avait la gorge tranchée.
Доллі, найновіша собака з Дайї, мала перерізане горло.
Joe avait perdu un œil et l'oreille de Billee était coupée en morceaux
Джо втратив око, а вухо Біллі було розрізане на шматки
Tous les chiens ont crié de douleur et de défaite toute la nuit.
Усі собаки кричали від болю та поразки всю ніч.
À l'aube, ils retournèrent au camp, endoloris et brisés.
На світанку вони прокралися назад до табору, знесилені та розбиті.
Les huskies avaient disparu, mais le mal était fait.
Хаскі зникли, але шкода вже була завдана.
Perrault et François étaient de mauvaise humeur à cause de la ruine.
Перро та Франсуа стояли над руїнами в кепському настрої.
La moitié de la nourriture avait disparu, volée par les voleurs affamés.
Половина їжі зникла, її пограбували голодні злодії.
Les huskies avaient déchiré les fixations et la toile du traîneau.
Хаскі порвали кріплення саней та парусину.
Tout ce qui avait une odeur de nourriture avait été complètement dévoré.
Все, що мало запах їжі, було з'їдено повністю.

Ils ont mangé une paire de bottes de voyage en peau d'élan de Perrault.

Вони з'їли пару дорожніх чобіт Перро зі шкіри лося.

Ils ont mâché des reis en cuir et ruiné des sangles au point de les rendre inutilisables.

Вони жували шкіряні рейси та псували ремені до непридатності.

François cessa de fixer le fouet déchiré pour vérifier les chiens.

Франсуа перестав дивитися на порвану батіг, щоб оглянути собак.

« Ah, mes amis », dit-il d'une voix basse et pleine d'inquiétude.

«Ах, друзі мої», — сказав він тихим, сповненим тривоги голосом.

« Peut-être que toutes ces morsures vous transformeront en bêtes folles. »

«Можливо, всі ці укуси перетворять вас на скажених звірів».

« Peut-être que ce sont tous des chiens enragés, sacredam ! Qu'en penses-tu, Perrault ? »

«Можливо, всі скажені собаки, сакраменто! Що ви думаєте, Перро?»

Perrault secoua la tête, les yeux sombres d'inquiétude et de peur.

Перро похитав головою, його очі потемніли від занепокоєння та страху.

Il y avait encore quatre cents milles entre eux et Dawson.

Між ними та Доусоном ще лежало чотириста миль.

La folie canine pourrait désormais détruire toute chance de survie.

Собаче божевілля тепер може знищити будь-який шанс на виживання.

Ils ont passé deux heures à jurer et à essayer de réparer le matériel.

Вони дві години лаялися та намагалися полагодити спорядження.

L'équipe blessée a finalement quitté le camp, brisée et vaincue.
Поранена команда нарешті покинула табір, розбита та переможена.
C'était le sentier le plus difficile jusqu'à présent, et chaque pas était douloureux.
Це була найважча стежка, і кожен крок був болісним.
La rivière Thirty Mile n'était pas gelée et coulait à flots.
Річка Тридцять-Майл не замерзла і шалено стрімко текла.
Ce n'est que dans les endroits calmes et les tourbillons que la glace parvenait à tenir.
Лише в спокійних місцях та вируючих вирах лід встигав утриматися.
Six jours de dur labeur se sont écoulés jusqu'à ce que les trente milles soient parcourus.
Шість днів важкої праці минуло, поки тридцять миль були подолані.
Chaque kilomètre parcouru sur le sentier apportait du danger et une menace de mort.
Кожна миля стежки приносила небезпеку та загрозу смерті.
Les hommes et les chiens risquaient leur vie à chaque pas douloureux.
Чоловіки та собаки ризикували своїм життям на кожному болісному кроці.
Perrault a franchi des ponts de glace minces à une douzaine de reprises.
Перро пробивав тонкі крижані мости десятки разів.
Il portait une perche et la laissait tomber sur le trou que son corps avait fait.
Він ніс жердину і кинув її на отвір, який утворило його тіло.
Plus d'une fois, ce poteau a sauvé Perrault de la noyade.
Не раз ця жердина рятувала Перро від утоплення.
La vague de froid persistait, l'air était à cinquante degrés en dessous de zéro.

Похолодання тримaлося міцно, температура повітря була п'ятдесят градусів нижче нуля.

Chaque fois qu'il tombait, Perrault devait allumer un feu pour survivre.

Щоразу, коли він падав у вогонь, Перро мусив розводити вогонь, щоб вижити.

Les vêtements mouillés gelaient rapidement, alors il les séchait près d'une source de chaleur intense.

Мокрий одяг швидко замерзав, тому він сушив його біля палючої спеки.

Aucune peur n'a jamais touché Perrault, et cela a fait de lui un courrier.

Жоден страх ніколи не торкався Перро, і це робило його кур'єром.

Il a été choisi pour le danger, et il l'a affronté avec une résolution tranquille.

Його обрали для небезпеки, і він зустрів її зі спокійною рішучістю.

Il s'avança face au vent, son visage ratatiné et gelé.

Він штовхався вперед, проти вітру, його зморщене обличчя було обморожене.

De l'aube naissante à la tombée de la nuit, Perrault les mena en avant.

Від слабкого світанку до настання темряви Перро вів їх уперед.

Il marchait sur une étroite bordure de glace qui se fissurait à chaque pas.

Він йшов вузькою крижаною облямівкою, яка тріскалася з кожним кроком.

Ils n'osaient pas s'arrêter : chaque pause risquait de provoquer un effondrement mortel.

Вони не сміли зупинятися — кожна пауза ризикувала смертельним падінням.

Un jour, le traîneau s'est brisé, entraînant Dave et Buck à l'intérieur.

Одного разу сани прорвалися, потягнувши за собою Дейва та Бака.

Au moment où ils ont été libérés, tous deux étaient presque gelés.
Коли їх витягли на волю, обоє були майже замерзлі.
Les hommes ont rapidement allumé un feu pour garder Buck et Dave en vie.
Чоловіки швидко розпалили багаття, щоб Бак і Дейв залишилися живими.
Les chiens étaient recouverts de glace du nez à la queue, raides comme du bois sculpté.
Собаки були вкриті льодом від носа до хвоста, затверділі, як різьблене дерево.
Les hommes les faisaient courir en rond près du feu pour décongeler leurs corps.
Чоловіки бігали ними по колу біля вогню, щоб розморозити їхні тіла.
Ils se sont approchés si près des flammes que leur fourrure a été brûlée.
Вони підійшли так близько до полум'я, що їхнє хутро обпекло.
Spitz a ensuite brisé la glace, entraînant l'équipe derrière lui.
Наступним крізь лід прорвався Шпіц, потягнувши за собою команду.
La cassure s'est étendue jusqu'à l'endroit où Buck tirait.
Прорив сягав аж до того місця, де тягнув Бак.
Buck se pencha en arrière, ses pattes glissant et tremblant sur le bord.
Бак різко відкинувся назад, лапи ковзали й тремтіли на краю.
Dave a également tendu vers l'arrière, juste derrière Buck sur la ligne.
Дейв також напружився назад, одразу за Баком на мотузці.
François tirait sur le traîneau, ses muscles craquant sous l'effort.
Франсуа тягнув сани, його м'язи тріщали від напруження.
Une autre fois, la glace du bord s'est fissurée devant et derrière le traîneau.

Іншого разу крайній лід тріснув перед і позаду саней.
Ils n'avaient d'autre issue que d'escalader une paroi rocheuse gelée.
У них не було іншого виходу, окрім як вилізти на замерзлу стіну скелі.
Perrault a réussi à escalader le mur, mais un miracle l'a maintenu en vie.
Перро якимось чином переліз на стіну; диво врятувало його життя.
François resta en bas, priant pour avoir le même genre de chance.
Франсуа залишився внизу, молячись про таку ж удачу.
Ils ont attaché chaque sangle, chaque amarrage et chaque traçage en une seule longue corde.
Вони зв'язали кожен ремінь, мотузку та шнур в одну довгу мотузку.
Les hommes ont hissé chaque chien, un par un, jusqu'au sommet.
Чоловіки по черзі витягували собак нагору.
François est monté en dernier, après le traîneau et toute la charge.
Франсуа піднявся останнім, після санок та всього вантажу.
Commença alors une longue recherche d'un chemin pour descendre des falaises.
Потім почалися довгі пошуки стежки вниз зі скель.
Ils sont finalement descendus en utilisant la même corde qu'ils avaient fabriquée.
Зрештою вони спустилися, використовуючи ту саму мотузку, яку самі зробили.
La nuit tombait alors qu'ils retournaient au lit de la rivière, épuisés et endoloris.
Ніч настала, коли вони повернулися до русла річки, виснажені та з болем у шкірі.
La journée entière ne leur avait permis de gagner qu'un quart de mile.
Їм знадобився цілий день, щоб подолати лише чверть милі.

Au moment où ils atteignirent le Hootalinqua, Buck était épuisé.
Коли вони дісталися до Хуталінкви, Бак був дуже виснажений.
Les autres chiens ont tout autant souffert des conditions du sentier.
Інші собаки так само сильно постраждали від умов стежки.
Mais Perrault avait besoin de récupérer du temps et les poussait chaque jour.
Але Перро потрібно було надолужити час, і він щодня підганявся до них.
Le premier jour, ils ont parcouru trente miles jusqu'à Big Salmon.
Першого дня вони проїхали тридцять миль до Біг-Салмона.
Le lendemain, ils parcourrurent trente-cinq milles jusqu'à Little Salmon.
Наступного дня вони подолали тридцять п'ять миль до Літтл-Салмона.
Le troisième jour, ils ont parcouru quarante longs kilomètres gelés.
На третій день вони пройшли сорок довгих замерзлих миль.
À ce moment-là, ils approchaient de la colonie de Five Fingers.
На той час вони вже наближалися до поселення П'ять Пальців.

Les pieds de Buck étaient plus doux que les pieds durs des huskies indigènes.
Лапи Бака були м'якші за тверді лапи місцевих хаскі.
Ses pattes étaient devenues plus fragiles au fil des générations civilisées.
Його лапи стали ніжними протягом багатьох поколінь цивілізованого населення.

Il y a longtemps, ses ancêtres avaient été apprivoisés par des hommes de la rivière ou des chasseurs.

Давним-давно його предків приручили річкові люди або мисливці.

Chaque jour, Buck boitait de douleur, marchant sur des pattes à vif et douloureuses.

Щодня Бак кульгав від болю, ходячи на заболінених, ниючих лапах.

Au camp, Buck tomba comme une forme sans vie sur la neige.

У таборі Бак упав на сніг, немов бездихане тіло.

Bien qu'affamé, Buck ne s'est pas levé pour manger son repas du soir.

Хоча Бак і був голодний, він не встав, щоб повечеряти.

François apporta sa ration à Buck, en déposant du poisson près de son museau.

Франсуа приніс Баку його пайок, підкладаючи рибу йому біля морди.

Chaque nuit, le chauffeur frottait les pieds de Buck pendant une demi-heure.

Щоночі водій півгодини розтирав Баку ноги.

François a même découpé ses propres mocassins pour en faire des chaussures pour chiens.

Франсуа навіть розрізав власні мокасини, щоб зробити з них взуття для собак.

Quatre chaussures chaudes ont apporté à Buck un grand et bienvenu soulagement.

Чотири теплі черевики принесли Баку велике та бажане полегшення.

Un matin, François oublia ses chaussures et Buck refusa de se lever.

Одного ранку Франсуа забув черевики, а Бак відмовився вставати.

Buck était allongé sur le dos, les pieds en l'air, les agitant pitoyablement.

Бак лежав на спині, піднявши ноги вгору, і жалібно розмахував ними.

Même Perrault sourit à la vue de l'appel dramatique de Buck.

Навіть Перро посміхнувся, побачивши драматичне благання Бака.

Bientôt, les pieds de Buck devinrent durs et les chaussures purent être jetées.

Невдовзі ноги Бака затверділи, і взуття можна було викинути.

À Pelly, pendant le temps du harnais, Dolly laissait échapper un hurlement épouvantable.

У Пеллі, під час їзди на конях, Доллі видала жахливе виття.

Le cri était long et rempli de folie, secouant chaque chien.

Крик був довгим і сповненим божевілля, від якого тряслося кожен собака.

Chaque chien se hérissait de peur sans en connaître la raison.

Кожен собака наїжачився від страху, не знаючи причини.

Dolly était devenue folle et s'était jetée directement sur Buck.

Доллі збожеволіла і кинулася прямо на Бака.

Buck n'avait jamais vu la folie, mais l'horreur remplissait son cœur.

Бак ніколи не бачив божевілля, але жах сповнював його серце.

Sans réfléchir, il se retourna et s'enfuit, complètement paniqué.

Не замислюючись, він повернувся і втік у повній паніці.

Dolly le poursuivit, les yeux fous, la salive s'échappant de ses mâchoires.

Доллі гналася за ним, її очі були шалені, з щелеп летіла слина.

Elle est restée juste derrière Buck, sans jamais gagner ni reculer.

Вона трималася одразу за Баком, не наздоганяючи його і не відступаючи.

Buck courut à travers les bois, le long de l'île, sur de la glace déchiquetée.
Бак біг крізь ліс, вниз по острову, по нерівному льоду.
Il traversa vers une île, puis une autre, revenant vers la rivière.
Він перейшов до одного острова, потім до іншого, повернувшись до річки.
Dolly le poursuivait toujours, son grognement le suivant de près à chaque pas.
Доллі все ще гналася за ним, її гарчання чулося позаду на кожному кроці.
Buck pouvait entendre son souffle et sa rage, même s'il n'osait pas regarder en arrière.
Бак чув її дихання та лють, хоча не наважувався озирнутися.
François cria de loin, et Buck se tourna vers la voix.
Франсуа крикнув здалеку, і Бак обернувся на голос.
Encore à bout de souffle, Buck courut, plaçant tout espoir en François.
Все ще хапаючи ротом повітря, Бак пробіг повз, покладаючи всю надію на Франсуа.
Le conducteur du chien leva une hache et attendit que Buck passe à toute vitesse.
Погонич собаки підняв сокиру й чекав, поки Бак пролетить повз.
La hache s'abattit rapidement et frappa la tête de Dolly avec une force mortelle.
Сокира швидко опустилася і зі смертельною силою вдарила Доллі по голові.
Buck s'est effondré près du traîneau, essoufflé et incapable de bouger.
Бак звалився біля саней, хрипів і не міг поворухнутися.
Ce moment a donné à Spitz l'occasion de frapper un ennemi épuisé.
Цей момент дав Шпіцу шанс вдарити по виснаженому ворогу.

Il a mordu Buck à deux reprises, déchirant la chair jusqu'à l'os blanc.

Двічі він вкусив Бака, роздерши плоть аж до білої кістки.

Le fouet de François claqua, frappant Spitz avec toute sa force et sa fureur.

Батіг Франсуа хруснув, вдаривши Шпіца з повною, лютою силою.

Buck regarda avec joie Spitz recevoir sa raclée la plus dure jusqu'à présent.

Бак з радістю спостерігав, як Шпіц отримав свої найжорстокіші побої.

« C'est un diable, ce Spitz », murmura sombrement Perrault pour lui-même.

«Він диявол, цей Шпіц», — похмуро пробурмотів Перро сам собі під ніс.

« Un jour prochain, ce maudit chien tuera Buck, je le jure. »

«Колись скоро цей клятий собака вб'є Бака — клянусь.»

« Ce Buck a deux démons en lui », répondit François en hochant la tête.

«У цьому Баку два дияволи», – відповів Франсуа, кивнувши.

« Quand je regarde Buck, je sais que quelque chose de féroce l'attend. »

«Коли я спостерігаю за Баком, я відчуваю, що в ньому чекає щось несамовите».

« Un jour, il deviendra fou comme le feu et mettra Spitz en pièces. »

«Одного дня він розлютиться, як вогонь, і розірве Шпіца на шматки».

« Il va mâcher ce chien et le recracher sur la neige gelée. »

«Він розжує цього собаку та виплюне його на замерзлий сніг».

« Bien sûr que non, je le sais au plus profond de moi. »

«Звісно ж, я знаю це глибоко в глибині душі».

À partir de ce moment-là, les deux chiens étaient engagés dans une guerre.

З того моменту між двома собаками почалася війна.

Spitz a dirigé l'équipe et a conservé le pouvoir, mais Buck a contesté cela.
Шпітц очолював команду та мав владу, але Бак кинув цьому виклик.
Spitz a vu son rang menacé par cet étrange étranger du Sud.
Шпіц бачив, як цей дивний незнайомець з Півдня загрожує його рангу.
Buck ne ressemblait à aucun autre chien du sud que Spitz avait connu auparavant.
Бак був не схожий на жодного південного собаку, якого Шпіц знав раніше.
La plupart d'entre eux ont échoué, trop faibles pour survivre au froid et à la faim.
Більшість із них зазнали невдачі — вони були надто слабкі, щоб пережити холод і голод.
Ils sont morts rapidement à cause du travail, du gel et de la lenteur de la famine.
Вони швидко помирали від праці, морозу та повільного горіння голоду.
Buck se démarquait : plus fort, plus intelligent et plus sauvage chaque jour.
Бак виділявся — з кожним днем сильніший, розумніший і лютіший.
Il a prospéré dans les difficultés, grandissant jusqu'à égaler les huskies du Nord.
Він процвітав у труднощах, виростаючи, щоб відповідати північним хаскі.
Buck avait de la force, une habileté sauvage et un instinct patient et mortel.
Бак мав силу, шалену майстерність і терплячий, смертоносний інстинкт.
L'homme avec la massue avait fait perdre à Buck toute témérité.
Чоловік з кийком вибив з Бака необачність.
La fureur aveugle avait disparu, remplacée par une ruse silencieuse et un contrôle.
Сліпа лють зникла, її замінили тиха хитрість і контроль.

Il attendait, calme et primitif, guettant le bon moment.
Він чекав, спокійний і первісний, вичікуючи слушного моменту.
Leur lutte pour le commandement est devenue inévitable et claire.
Їхня боротьба за командування стала неминучою та очевидною.
Buck désirait être un leader parce que son esprit l'exigeait.
Бак прагнув лідерства, бо цього вимагав його дух.
Il était poussé par l'étrange fierté née du sentier et du harnais.
Його рухала дивна гордість, народжена стежкою та упряжю.
Cette fierté a poussé les chiens à tirer jusqu'à ce qu'ils s'effondrent sur la neige.
Ця гордість змушувала собак тягнути, аж поки вони не падали на сніг.
L'orgueil les a poussés à donner toute la force qu'ils avaient.
Гордість спонукала їх віддати всю свою силу.
L'orgueil peut attirer un chien de traîneau jusqu'à la mort.
Гординя може заманити їздового собаку навіть до смерті.
La perte du harnais a laissé les chiens brisés et sans but.
Втрата шлейки залишала собак розбитими та безцільними.
Le cœur d'un chien de traîneau peut être brisé par la honte lorsqu'il prend sa retraite.
Серце їздового собаки може бути розчавлене від сорому, коли вони відходять на пенсію.
Dave vivait avec cette fierté alors qu'il tirait le traîneau par derrière.
Дейв жив цією гордістю, тягнучи сани ззаду.
Solleks, lui aussi, a tout donné avec une force et une loyauté redoutables.
Соллекс також віддавався всією своєю незмінною силою та вірністю.
Chaque matin, l'orgueil les faisait passer de l'amertume à la détermination.

Щоранку гордість перетворювала їх з озлоблених на рішучих.

Ils ont poussé toute la journée, puis sont restés silencieux à la fin du camp.

Вони штовхалися цілий день, а потім замовкли на краю табору.

Cette fierté a donné à Spitz la force de battre les tire-au-flanc.

Ця гордість дала Шпіцу сили змусити ухилячів від роботи вишикуватися.

Spitz craignait Buck parce que Buck portait cette même fierté profonde.

Шпіц боявся Бака, бо Бак мав у собі таку ж глибоку гордість.

L'orgueil de Buck s'est alors retourné contre Spitz, et il ne s'est pas arrêté.

Гордість Бака тепер обурилася проти Шпіца, і він не зупинився.

Buck a défié le pouvoir de Spitz et l'a empêché de punir les chiens.

Бак кинув виклик силі Шпіца та завадив йому покарати собак.

Lorsque les autres échouaient, Buck s'interposait entre eux et leur chef.

Коли інші зазнавали невдачі, Бак ставав між ними та їхнім лідером.

Il l'a fait intentionnellement, en rendant son défi ouvert et clair.

Він зробив це навмисно, зробивши свій виклик відкритим і чітким.

Une nuit, une forte neige a recouvert le monde d'un profond silence.

Однієї ночі сильний сніг огорнув світ глибокою тишею.

Le lendemain matin, Pike, paresseux comme toujours, ne se leva pas pour aller travailler.

Наступного ранку Пайк, лінивіший, як завжди, не встав на роботу.

Il est resté caché dans son nid sous une épaisse couche de neige.
Він ховався у своєму гнізді під товстим шаром снігу.
François a appelé et cherché, mais n'a pas pu trouver le chien.
Франсуа гукнув і почав шукати, але не зміг знайти собаку.
Spitz devint furieux et se précipita à travers le camp couvert de neige.
Шпіц розлютився та промчав крізь засніжений табір.
Il grogna et renifla, creusant frénétiquement avec des yeux flamboyants.
Він гарчав і шморгав носом, шалено копаючи палаючими очима.
Sa rage était si féroce que Pike tremblait sous la neige de peur.
Його лють була такою люттю, що Пайк затремтів під снігом від страху.
Lorsque Pike fut finalement retrouvé, Spitz se précipita pour punir le chien qui se cachait.
Коли Пайка нарешті знайшли, Шпіц кинувся покарати собаку, що сховався.
Mais Buck s'est précipité entre eux avec une fureur égale à celle de Spitz.
Але Бак стрибнув між ними з люттю, не меншою за Шпіца.
L'attaque fut si soudaine et intelligente que Spitz tomba.
Атака була настільки раптовою та хитрою, що Шпіц упав з ніг.
Pike, qui tremblait, puisa du courage dans ce défi.
Пайк, якого весь тремтів, набрався сміливості після цього непокори.
Il sauta sur le Spitz tombé, suivant l'exemple audacieux de Buck.
Він стрибнув на поваленого Шпіца, наслідуючи сміливий приклад Бака.
Buck, n'étant plus tenu par l'équité, a rejoint la grève contre Spitz.

Бак, більше не зв'язаний принципами справедливості, приєднався до страйку на Шпітці.
François, amusé mais ferme dans sa discipline, balançait son lourd fouet.
Франсуа, розважений, але водночас непохитний у дисципліні, розмахнувся важким батогом.
Il frappa Buck de toutes ses forces pour mettre fin au combat.
Він щосили вдарив Бака, щоб припинити бійку.
Buck a refusé de bouger et est resté au sommet du chef tombé.
Бак відмовився рухатися і залишився на полеглому лідері.
François a ensuite utilisé le manche du fouet, frappant Buck durement.
Тоді Франсуа скористався ручкою батога, сильно вдаривши Бака.
Titubant sous le coup, Buck recula sous l'assaut.
Захитавшись від удару, Бак упав назад під натиском.
François frappait encore et encore tandis que Spitz punissait Pike.
Франсуа бив знову і знову, поки Шпіц карав Пайка.

Les jours passèrent et Dawson City se rapprocha de plus en plus.
Дні минали, і Доусон-Сіті ставав все ближче й ближче.
Buck n'arrêtait pas d'intervenir, se glissant entre le Spitz et les autres chiens.
Бак постійно втручався, проскакуючи між Шпіцем та іншими собаками.
Il choisissait bien ses moments, attendant toujours que François parte.
Він вміло вибирав моменти, завжди чекаючи, поки Франсуа піде.
La rébellion silencieuse de Buck s'est propagée et le désordre a pris racine dans l'équipe.
Тихий бунт Бака поширився, і в команді поширився безлад.

Dave et Solleks sont restés fidèles, mais d'autres sont devenus indisciplinés.
Дейв і Соллекс залишилися вірними, але інші стали непокірними.
L'équipe est devenue de plus en plus agitée, querelleuse et hors de propos.
Команда ставала дедалі гіршою — неспокійною, сварливою та невідповідною.
Plus rien ne fonctionnait correctement et les bagarres devenaient courantes.
Нічого більше не працювало гладко, і бійки стали звичним явищем.
Buck est resté au cœur des troubles, provoquant toujours des troubles.
Бак залишався в самому центрі конфлікту, завжди провокуючи заворушення.
François restait vigilant, effrayé par le combat entre Buck et Spitz.
Франсуа залишався напоготові, боячись бійки між Баком і Шпіцем.
Chaque nuit, des bagarres le réveillaient, craignant que le commencement n'arrive enfin.
Щоночі його будили бійки, він боявся, що нарешті настав початок.
Il sauta de sa robe, prêt à mettre fin au combat.
Він зіскочив з мантії, готовий розірвати бійку.
Mais le moment n'arriva jamais et ils atteignirent finalement Dawson.
Але цей момент так і не настав, і вони нарешті дісталися Доусона.
L'équipe est entrée dans la ville un après-midi sombre, tendu et calme.
Одного похмурого дня команда в'їхала до міста, напружена та тиха.
La grande bataille pour le leadership était encore en suspens dans l'air glacial.

Велика битва за лідерство все ще висіла в замерзлому повітрі.

Dawson était rempli d'hommes et de chiens de traîneau, tous occupés à travailler.

Доусон був сповнений чоловіків та їздових собак, усі зайняті роботою.

Buck regardait les chiens tirer des charges du matin au soir.

Бак спостерігав, як собаки тягли вантажі з ранку до вечора.

Ils transportaient des bûches et du bois de chauffage et acheminaient des fournitures vers les mines.

Вони перевозили колоди та дрова, вантажили припаси до шахт.

Là où les chevaux travaillaient autrefois dans le Southland, les chiens travaillent désormais.

Там, де колись на Півдні працювали коні, тепер трудилися собаки.

Buck a vu quelques chiens du Sud, mais la plupart étaient des huskies ressemblant à des loups.

Бак бачив кількох собак з півдня, але більшість із них були схожі на вовків-хаскі.

La nuit, comme une horloge, les chiens élevaient la voix pour chanter.

Вночі, як годинник, собаки підвищували голоси у пісні.

À neuf heures, à minuit et à nouveau à trois heures, les chants ont commencé.

О дев'ятій, опівночі і знову о третій починався спів.

Buck aimait se joindre à leur chant étrange, au son sauvage et ancien.

Бак любив приєднуватися до їхнього моторошного співу, дикого та стародавнього за звучанням.

Les aurores boréales flamboyaient, les étoiles dansaient et la neige recouvrait le pays.

Палахнуло полярне сяйво, танцювали зірки, а землю вкрив сніг.

Le chant des chiens s'éleva comme un cri contre le silence et le froid glacial.

Собачий спів піднявся, немов крик проти тиші та лютого холоду.

Mais leur hurlement contenait de la tristesse, et non du défi, dans chaque longue note.

Але в кожній довгій ноті їхнього виття чувся смуток, а не виклик.

Chaque cri plaintif était plein de supplications, le fardeau de la vie elle-même.

Кожен плач був сповнений благання; тягарем самого життя.

Cette chanson était vieille, plus vieille que les villes et plus vieille que les incendies.

Та пісня була старою — давнішою за міста і давнішою за пожежі

Cette chanson était encore plus ancienne que les voix des hommes.

Та пісня була навіть давнішою за людські голоси.

C'était une chanson du monde des jeunes, quand toutes les chansons étaient tristes.

Це була пісня з молодого світу, коли всі пісні були сумними.

La chanson portait la tristesse d'innombrables générations de chiens.

Пісня несла в собі смуток незліченних поколінь собак.

Buck ressentait profondément la mélodie, gémissant de douleur enracinée dans les âges.

Бак глибоко відчув мелодію, стогнучи від болю, що сягав корінням у віки.

Il sanglotait d'un chagrin aussi vieux que le sang sauvage dans ses veines.

Він ридав від горя, такого ж старого, як шалена кров у його жилах.

Le froid, l'obscurité et le mystère ont touché l'âme de Buck.

Холод, темрява та таємничість торкнулися душі Бака.

Cette chanson prouvait à quel point Buck était revenu à ses origines.

Ця пісня довела, наскільки далеко Бак повернувся до своїх витоків.
À travers la neige et les hurlements, il avait trouvé le début de sa propre vie.
Крізь сніг та виття він знайшов початок власного життя.

Sept jours après leur arrivée à Dawson, ils repartent.
Через сім днів після прибуття до Доусона вони знову вирушили в дорогу.
L'équipe est descendue de la caserne jusqu'au sentier du Yukon.
Команда спустилася з казарм до Юконської стежки.
Ils ont commencé le voyage de retour vers Dyea et Salt Water.
Вони почали подорож назад до Дайї та Солт-Вотер.
Perrault portait des dépêches encore plus urgentes qu'auparavant.
Перро перевозив депеші ще терміновіші, ніж раніше.
Il était également saisi par la fierté du sentier et avait pour objectif d'établir un record.
Його також охопила гордість за перемогу на трейлі, і він прагнув встановити рекорд.
Cette fois, plusieurs avantages étaient du côté de Perrault.
Цього разу кілька переваг були на боці Перро.
Les chiens s'étaient reposés pendant une semaine entière et avaient repris des forces.
Собаки відпочивали цілий тиждень і відновили свої сили.
Le sentier qu'ils avaient ouvert était maintenant damé par d'autres.
Стежка, яку вони протоптали, тепер була міцно втоптана іншими.
À certains endroits, la police avait stocké de la nourriture pour les chiens et les hommes.
У деяких місцях поліція зберігала їжу як для собак, так і для чоловіків.
Perrault voyageait léger, se déplaçait rapidement et n'avait pas grand-chose pour l'alourdir.

Перро подорожував без багажу, рухаючись швидко, маючи мало що, що його обтяжувало.

Ils ont atteint Sixty-Mile, une course de cinquante milles, dès la première nuit.

Вони досягли Шістдесятої Милі, п'ятдесятимильної пробіжки, до першої ночі.

Le deuxième jour, ils se sont précipités sur le Yukon en direction de Pelly.

На другий день вони кинулися вгору по Юкону до Пеллі.

Mais ces beaux progrès ont été accompagnés de beaucoup de difficultés pour François.

Але такий чудовий прогрес супроводжувався великими труднощами для Франсуа.

La rébellion silencieuse de Buck avait brisé la discipline de l'équipe.

Тихий бунт Бака підірвав дисципліну команди.

Ils ne se rassemblaient plus comme une seule bête dans les rênes.

Вони більше не тягнулися разом, як один звір у віжах.

Buck avait conduit d'autres personnes à la défiance par son exemple audacieux.

Бак своїм сміливим прикладом спонукав інших до непокори.

L'ordre de Spitz n'a plus été accueilli avec crainte ou respect.

Наказ Шпіца більше не зустрічався зі страхом чи повагою.

Les autres ont perdu leur respect pour lui et ont osé résister à son règne.

Інші втратили перед ним благоговіння та наважилися чинити опір його правлінню.

Une nuit, Pike a volé la moitié d'un poisson et l'a mangé sous les yeux de Buck.

Одного разу вночі Пайк вкрав піврибини та з'їв її під оком у Бака.

Une autre nuit, Dub et Joe se sont battus contre Spitz et sont restés impunis.

Іншої ночі Даб і Джо побилися зі Шпіцем і залишилися безкарними.

Même Billee gémissait moins doucement et montrait une nouvelle vivacité.
Навіть Біллі скиглила менш солодко та виявила нову гостроту.
Buck grognait sur Spitz à chaque fois qu'ils se croisaient.
Бак гарчав на Шпіца щоразу, коли вони перетиналися.
L'attitude de Buck devint audacieuse et menaçante, presque comme celle d'un tyran.
Постава Бака стала зухвалою та загрозливою, майже як у хулігана.
Il marchait devant Spitz avec une démarche assurée, pleine de menace moqueuse.
Він походжав перед Шпіцем із чванливою появою, сповненою глузливої погрози.
Cet effondrement de l'ordre s'est également propagé parmi les chiens de traîneau.
Цей крах порядку поширився і серед їздових собак.
Ils se battaient et se disputaient plus que jamais, remplissant le camp de bruit.
Вони билися та сперечалися більше, ніж будь-коли, наповнюючи табір гамором.
La vie au camp se transformait chaque nuit en un chaos sauvage et hurlant.
Табірне життя щоночі перетворювалося на дикий, виючий хаос.
Seuls Dave et Solleks sont restés stables et concentrés.
Тільки Дейв і Соллекс залишалися стійкими та зосередженими.
Mais même eux sont devenus colériques à cause des bagarres incessantes.
Але навіть вони стали запальними через постійні бійки.
François jurait dans des langues étranges et piétinait de frustration.
Франсуа вилаявся дивними мовами та розчаровано тупнув ногами.
Il s'arrachait les cheveux et criait tandis que la neige volait sous ses pieds.

Він рвів на собі волосся і кричав, поки під ногами летів сніг.

Son fouet claqua sur le groupe, mais parvint à peine à les maintenir en ligne.

Його батіг клацнув по зграї, але ледве втримав їх у черзі.

Chaque fois qu'il tournait le dos, les combats reprenaient.

Щоразу, коли він повертався спиною, бійка спалахувала знову.

François a utilisé le fouet pour Spitz, tandis que Buck a dirigé les rebelles.

Франсуа використав батіг для Шпіца, поки Бак очолював повстанців.

Chacun connaissait le rôle de l'autre, mais Buck évitait tout blâme.

Кожен знав роль іншого, але Бак уникав будь-яких звинувачень.

François n'a jamais surpris Buck en train de provoquer une bagarre ou de se dérober à son travail.

Франсуа ніколи не ловив Бака на тому, щоб він починав бійку чи ухилявся від роботи.

Buck travaillait dur sous le harnais – le travail lui faisait désormais vibrer l'esprit.

Бак наполегливо працював у упряжі — важка праця тепер хвилювала його дух.

Mais il trouvait encore plus de joie à provoquer des bagarres et du chaos dans le camp.

Але ще більше радості він знаходив у розпалюванні бійок та хаосу в таборі.

Un soir, à l'embouchure du Tahkeena, Dub fit sursauter un lapin.

Одного вечора біля пащі Тахкіни Дуб налякав кролика.

Il a raté la prise et le lièvre d'Amérique s'est enfui.

Він не встиг зачепитися, і заєць-снігоступи відскочив геть.

En quelques secondes, toute l'équipe de traîneau s'est lancée à sa poursuite en poussant des cris sauvages.

За лічені секунди вся упряжка з дикими криками кинулася в погоню.

À proximité, un camp de la police du Nord-Ouest abritait une cinquantaine de chiens huskys.

Неподалік, у таборі поліції Північно-Західного регіону, тримали п'ятдесят собак породи хаскі.

Ils se sont joints à la chasse, descendant ensemble la rivière gelée.

Вони приєдналися до полювання, разом мчачи вниз по замерзлій річці.

Le lapin a quitté la rivière et s'est enfui dans le lit d'un ruisseau gelé.

Кролик звернув з річки, тікаючи вгору замерзлим руслом струмка.

Le lapin sautait légèrement sur la neige tandis que les chiens peinaient à se frayer un chemin.

Кролик легко підстрибував по снігу, поки собаки пробиралися крізь нього.

Buck menait l'énorme meute de soixante chiens dans chaque virage sinueux.

Бак вів величезну зграю з шістдесяти собак за кожним звивистим поворотом.

Il avança, bas et impatient, mais ne put gagner du terrain.

Він просувався вперед, низько та завзято, але не міг набрати обертів.

Son corps brillait sous la lune pâle à chaque saut puissant.

Його тіло миготіло під блідим місяцем з кожним потужним стрибком.

Devant, le lapin se déplaçait comme un fantôme, silencieux et trop rapide pour être attrapé.

Попереду кролик рухався, немов привид, безшумний і надто швидкий, щоб його впіймати.

Tous ces vieux instincts – la faim, le frisson – envahirent Buck.

Усі ці старі інстинкти — голод, трепет — пронизали Бака.

Les humains ressentent parfois cet instinct et sont poussés à chasser avec une arme à feu et des balles.

Люди часом відчувають цей інстинкт, спонукані полювати з рушницею та кулею.

Mais Buck ressentait ce sentiment à un niveau plus profond et plus personnel.

Але Бак відчував це почуття на глибшому та більш особистому рівні.

Ils ne pouvaient pas ressentir la nature sauvage dans leur sang comme Buck pouvait la ressentir.

Вони не могли відчувати дикість у своїй крові так, як її відчував Бак.

Il chassait la viande vivante, prêt à tuer avec ses dents et à goûter le sang.

Він гнався за живим м'ясом, готовий убити зубами та скуштувати крові.

Son corps se tendait de joie, voulant se baigner dans la vie rouge et chaude.

Його тіло напружувалося від радості, бажаючи купатися в теплому червоному житті.

Une joie étrange marque le point le plus élevé que la vie puisse atteindre.

Дивна радість знаменує собою найвищу точку, якої може досягти життя.

La sensation d'un pic où les vivants oublient même qu'ils sont en vie.

Відчуття вершини, де живі забувають, що вони взагалі живі.

Cette joie profonde touche l'artiste perdu dans une inspiration fulgurante.

Ця глибока радість зворушує митця, зануреного у палке натхнення.

Cette joie saisit le soldat qui se bat avec acharnement et n'épargne aucun ennemi.

Ця радість охоплює солдата, який бореться несамовито і не щадить ворога.

Cette joie s'empara alors de Buck alors qu'il menait la meute dans une faim primitive.

Ця радість тепер охопила Бака, коли він очолював зграю, сповнений первісного голоду.

Il hurla avec le cri ancien du loup, ravi par la chasse vivante.

Він завив стародавнім вовчим криком, захоплений живою погонею.

Buck a puisé dans la partie la plus ancienne de lui-même, perdue dans la nature.

Бак торкнувся найдавнішої частини себе, загубленої в дикій природі.

Il a puisé au plus profond de lui-même, au-delà de la mémoire, dans le temps brut et ancien.

Він сягнув глибоко всередину, у минуле, у сирий, давній час.

Une vague de vie pure a traversé chaque muscle et chaque tendon.

Хвиля чистого життя пронизала кожен м'яз і сухожилля.

Chaque saut criait qu'il vivait, qu'il traversait la mort.

Кожен стрибок кричав, що він живий, що він рухається крізь смерть.

Son corps s'élevait joyeusement au-dessus d'une terre calme et froide qui ne bougeait jamais.

Його тіло радісно ширяло над нерухомою, холодною землею, яка ніколи не ворушилася.

Spitz est resté froid et rusé, même dans ses moments les plus fous.

Шпіц залишався холоднокровним і хитрим, навіть у свої найсміливіші моменти.

Il quitta le sentier et traversa un terrain où le ruisseau formait une large courbe.

Він зійшов зі стежки та перетнув місцевість там, де струмок широко вигинався.

Buck, inconscient de cela, resta sur le chemin sinueux du lapin.

Бак, не підозрюючи про це, залишився на звивистій стежці кролика.

Puis, alors que Buck tournait un virage, le lapin fantomatique était devant lui.

Тоді, коли Бак завернув за поворот, перед ним з'явився кролик, схожий на привида.

Il vit une deuxième silhouette sauter de la berge devant la proie.

Він побачив, як друга постать стрибнула з берега попереду здобичі.

La silhouette était celle d'un Spitz, atterrissant juste sur le chemin du lapin en fuite.

Фігурою був Шпіц, який приземлився прямо на шляху кролика, що тікав.

Le lapin ne pouvait pas se retourner et a rencontré les mâchoires de Spitz en plein vol.

Кролик не міг повернутись і вдарився Шпіца щелепами в повітрі.

La colonne vertébrale du lapin se brisa avec un cri aussi aigu que le cri d'un humain mourant.

Хребет кролика зламався від крику, різкого, як крик вмираючої людини.

À ce bruit – la chute de la vie à la mort – la meute hurla fort.

На цей звук — падіння з життя у смерть — зграя голосно завила.

Un chœur sauvage s'éleva derrière Buck, plein de joie sombre.

З-за спини Бака пролунав дикий хор, сповнений похмурого захвату.

Buck n'a émis aucun cri, aucun son, et a chargé directement Spitz.

Бак не крикнув, не видав жодного звуку і кинувся прямо на Шпіца.

Il a visé la gorge, mais a touché l'épaule à la place.

Він цілився в горло, але замість цього влучив у плече.

Ils dégringolèrent dans la neige molle, leurs corps bloqués dans le combat.

Вони котилися крізь м'який сніг; їхні тіла зчепилися в бою.

Spitz se releva rapidement, comme s'il n'avait jamais été renversé.

Шпіц швидко схопився, ніби його й не збили.

Il a entaillé l'épaule de Buck, puis s'est éloigné du combat.
Він рубонув Бака по плечу, а потім відскочив від бійки.
À deux reprises, ses dents claquèrent comme des pièges en acier, ses lèvres se retroussèrent et devinrent féroces.
Двічі його зуби клацнули, немов сталеві пастки, губи скривилися та люто відчувалися.
Il recula lentement, cherchant un sol ferme sous ses pieds.
Він повільно відступив, шукаючи твердого ґрунту під ногами.
Buck a compris le moment instantanément et pleinement.
Бак миттєво і повністю зрозумів момент.
Le moment était venu ; le combat allait être un combat à mort.
Час настав; бій мав бути битвою не на життя, а на смерть.
Les deux chiens tournaient en rond, grognant, les oreilles plates, les yeux plissés.
Двоє собак кружляли навколо, гарчачи, з приплющеними вухами та змученими очима.
Chaque chien attendait que l'autre montre une faiblesse ou fasse un faux pas.
Кожен собака чекав, поки інший проявить слабкість або зробить невдалий крок.
Pour Buck, la scène semblait étrangement connue et profondément ancrée dans ses souvenirs.
Баку ця сцена здалася моторошно відомою та глибоко запам'ятовувалася.
Les bois blancs, la terre froide, la bataille au clair de lune.
Білі ліси, холодна земля, битва під місячним сяйвом.
Un silence pesant emplissait le pays, profond et contre nature.
Важка тиша наповнила землю, глибока та неприродна.
Aucun vent ne soufflait, aucune feuille ne bougeait, aucun bruit ne brisait le silence.
Жоден вітерець не ворухнувся, жоден листок не ворухнувся, жоден звук не порушив тиші.
Le souffle des chiens s'élevait comme de la fumée dans l'air glacial et calme.

Дихання собак здіймалося, мов дим, у замерзлому, тихому повітрі.

Le lapin a été depuis longtemps oublié par la meute de bêtes sauvages.

Зграя диких звірів давно забула кролика.

Ces loups à moitié apprivoisés se tenaient maintenant immobiles dans un large cercle.

Ці напівприручені вовки тепер стояли нерухомо у широкому колі.

Ils étaient silencieux, seuls leurs yeux brillants révélaient leur faim.

Вони мовчали, лише їхні сяючі очі видавали їхній голод.

Leur souffle s'éleva, regardant le combat final commencer.

Їхнє дихання перехопило, коли вони спостерігали за початком фінальної битви.

Pour Buck, cette bataille était ancienne et attendue, pas du tout étrange.

Для Бака ця битва була старою та очікуваною, зовсім не дивною.

C'était comme un souvenir de quelque chose qui devait arriver depuis toujours.

Це було схоже на спогад про щось, що завжди мало статися.

Le Spitz était un chien de combat entraîné, affiné par d'innombrables bagarres sauvages.

Шпіц був дресированим бійцівським собакою, відточеним незліченними дикими бійками.

Du Spitzberg au Canada, il a vaincu de nombreux ennemis.

Від Шпіцбергена до Канади він підкорив багатьох ворогів.

Il était rempli de fureur, mais n'a jamais cédé au contrôle de la rage.

Він був сповнений люті, але ніколи не давав собі волю.

Sa passion était vive, mais toujours tempérée par un instinct dur.

Його пристрасть була гострою, але завжди стримуваною жорстким інстинктом.

Il n'a jamais attaqué jusqu'à ce que sa propre défense soit en place.
Він ніколи не атакував, доки не забезпечив власний захист.
Buck a essayé encore et encore d'atteindre le cou vulnérable de Spitz.
Бак знову і знову намагався дотягнутися до вразливої шиї Шпіца.
Mais chaque coup était accueilli par un coup des dents acérées de Spitz.
Але кожен удар зустрічався різким ударом гострих зубів Шпіца.
Leurs crocs se sont heurtés et les deux chiens ont saigné de leurs lèvres déchirées.
Їхні ікла зіткнулися, і в обох собак кров потекла з розірваних губ.
Peu importe comment Buck s'est lancé, il n'a pas pu briser la défense.
Як би Бак не робив випадів, він не міг прорвати захист.
Il devint de plus en plus furieux, se précipitant avec des explosions de puissance sauvages.
Він дедалі більше розлютився, кидаючись уперед з шаленими сплесками сили.
À maintes reprises, Buck frappait la gorge blanche du Spitz.
Знову й знову Бак бив по білій шийці Шпіца.
À chaque fois, Spitz esquivait et riposta avec une morsure tranchante.
Щоразу Шпіц ухилявся і завдавав удару у відповідь різким укусом.
Buck changea alors de tactique, se précipitant à nouveau comme pour atteindre la gorge.
Тоді Бак змінив тактику, знову кинувшись, ніби за горло.
Mais il s'est retiré au milieu de l'attaque, se tournant pour frapper sur le côté.
Але він відступив під час атаки, повернувшись, щоб ударити збоку.
Il a lancé son épaule sur Spitz, dans le but de le faire tomber.
Він вдарив плечем Шпіца, прагнучи збити його з ніг.

À chaque fois qu'il essayait, Spitz esquivait et ripostait avec une frappe.
Щоразу, коли він намагався, Шпіц ухилявся та парирував ударом.

L'épaule de Buck était à vif alors que Spitz s'écartait après chaque coup.
Плече Бака заболіло, коли Шпіц відстрибував після кожного удару.

Spitz n'avait pas été touché, tandis que Buck saignait de nombreuses blessures.
Шпіца не чіпали, тоді як Бак стікав кров'ю з численних ран.

La respiration de Buck était rapide et lourde, son corps était couvert de sang.
Бак важко й швидко дихав, його тіло було слизьким від крові.

Le combat devenait plus brutal à chaque morsure et à chaque charge.
З кожним укусом і атакою бійка ставала все жорстокішою.

Autour d'eux, soixante chiens silencieux attendaient le premier à tomber.
Навколо них шістдесят мовчазних собак чекали, коли впаде перший.

Si un chien tombait, la meute allait mettre fin au combat.
Якщо один собака впаде, зграя закінчить бійку.

Spitz vit Buck faiblir et commença à attaquer.
Шпітц побачив, що Бак слабшає, і почав продовжувати атаку.

Il a maintenu Buck en déséquilibre, le forçant à lutter pour garder pied.
Він тримав Бака втраченою рівновагою, змушуючи його боротися за рівновагу.

Un jour, Buck trébucha et tomba, et tous les chiens se relevèrent.
Одного разу Бак спіткнувся та впав, і всі собаки підвелися.

Mais Buck s'est redressé au milieu de sa chute, et tout le monde s'est affalé.

Але Бак вирівнявся посеред падіння, і всі знову опустилися.

Buck avait quelque chose de rare : une imagination née d'un instinct profond.

Бак мав щось рідкісне — уяву, народжену глибоким інстинктом.

Il combattait par instinct naturel, mais aussi par ruse.

Він бився, керуючись природним поривом, але також бився з хитрістю.

Il chargea à nouveau comme s'il répétait son tour d'attaque à l'épaule.

Він знову кинувся в атаку, ніби повторюючи свій трюк з атакою плечем.

Mais à la dernière seconde, il s'est laissé tomber et a balayé Spitz.

Але в останню секунду він низько опустився і пройшов під Шпіцем.

Ses dents se sont bloquées sur la patte avant gauche de Spitz avec un claquement.

Його зуби з тріском вчепилися в передню ліву ногу Шпіца.

Spitz était maintenant instable, son poids reposant sur seulement trois pattes.

Шпіц тепер стояв невпевнено, спираючись лише на три ноги.

Buck frappa à nouveau, essaya trois fois de le faire tomber.

Бак знову вдарив, тричі спробував збити його.

À la quatrième tentative, il a utilisé le même mouvement avec succès.

З четвертої спроби він успішно використав той самий прийом

Cette fois, Buck a réussi à mordre la jambe droite du Spitz.

Цього разу Баку вдалося вкусити Шпіца за праву ногу.

Spitz, bien que paralysé et souffrant, continuait à lutter pour survivre.

Шпіц, хоч і був покалічений та страждав, продовжував боротися за виживання.

Il vit le cercle de huskies se resserrer, la langue tirée, les yeux brillants.
Він побачив, як коло хаскі стискається, висунувши язики, а очі сяють.
Ils attendaient de le dévorer, comme ils l'avaient fait pour les autres.
Вони чекали, щоб поглинути його, як це робили з іншими.
Cette fois, il se tenait au centre, vaincu et condamné.
Цього разу він стояв посередині; переможений і приречений.
Le chien blanc n'avait désormais plus aucune possibilité de s'échapper.
Тепер у білого собаки не було жодного вибору втекти.
Buck n'a montré aucune pitié, car la pitié n'avait pas sa place dans la nature.
Бак не виявляв милосердя, бо милосердя не належало до дикої природи.
Buck se déplaçait prudemment, se préparant à la charge finale.
Бак рухався обережно, готуючись до останньої атаки.
Le cercle des huskies se referma ; il sentit leur souffle chaud.
Коло хаскі зблизилося; він відчував їхнє тепле дихання.
Ils s'accroupirent, prêts à bondir lorsque le moment viendrait.
Вони низько присіли, готуючись стрибнути, коли настане слушний момент.
Spitz tremblait dans la neige, grognant et changeant de position.
Шпіц тремтів на снігу, гарчав і пересувався з місця.
Ses yeux brillaient, ses lèvres se courbaient, ses dents brillaient dans une menace désespérée.
Його очі палали, губи скривилися, зуби блищали у відчайдушній погрозі.
Il tituba, essayant toujours de résister à la morsure froide de la mort.
Він похитнувся, все ще намагаючись стримати холодний укус смерті.

Il avait déjà vu cela auparavant, mais toujours du côté des gagnants.
Він бачив таке й раніше, але завжди з боку переможця.
Il était désormais du côté des perdants, des vaincus, de la proie, de la mort.
Тепер він був на боці переможених; переможених; здобичі; смерті.
Buck tourna en rond pour porter le coup final, le cercle de chiens se rapprochant.
Бак обійшов його, готовий завдати останнього удару, а кільце собак зблизилося.
Il pouvait sentir leur souffle chaud, prêt à tuer.
Він відчував їхнє гаряче дихання; готові були вбити.
Un silence s'installa ; tout était à sa place ; le temps s'était arrêté.
Запанувала тиша; все стало на свої місця; час зупинився.
Même l'air froid entre eux se figea un dernier instant.
Навіть холодне повітря між ними на останню мить замерзло.
Seul Spitz bougea, essayant de retenir sa fin amère.
Тільки Шпіц ворухнувся, намагаючись стримати свій гіркий кінець.
Le cercle des chiens se refermait autour de lui, comme l'était son destin.
Коло собак звужувалося навколо нього, як і його доля.
Il était désespéré maintenant, sachant ce qui allait se passer.
Він був у відчаї, знаючи, що зараз станеться.
Buck bondit, épaule contre épaule une dernière fois.
Бак стрибнув уперед, востаннє торкнувшись плеча.
Les chiens se sont précipités en avant, couvrant Spitz dans l'obscurité neigeuse.
Собаки кинулися вперед, прикриваючи Шпіца у сніжній темряві.
Buck regardait, debout, le vainqueur dans un monde sauvage.
Бак спостерігав, стоячи високо; переможець у дикому світі.

La bête primordiale dominante avait fait sa proie, et c'était bien.
Домінантний первісний звір здобув свою жертву, і це було добре.

Celui qui a gagné la maîtrise
Той, Хто Досяг Майстерності

« Hein ? Qu'est-ce que j'ai dit ? Je dis vrai quand je dis que Buck est un démon. »

«Е? Що я такого сказав? Я маю рацію, коли кажу, що Бак — диявол».

François a dit cela le lendemain matin après avoir constaté la disparition de Spitz.

Франсуа сказав це наступного ранку, після того як виявив, що Шпіц зник.

Buck se tenait là, couvert de blessures dues au combat acharné.

Бак стояв там, вкритий ранами від жорстокої бійки.

François tira Buck près du feu et lui montra les blessures.

Франсуа підтягнув Бака до вогню та показав на поранення.

« Ce Spitz s'est battu comme le Devik », dit Perrault en observant les profondes entailles.

«Цей Шпіц бився, як Девік», — сказав Перро, розглядаючи глибокі рани.

« Et ce Buck s'est battu comme deux diables », répondit aussitôt François.

«І той Бак бився, як два дияволи», — одразу відповів Франсуа.

« Maintenant, nous allons faire du bon temps ; plus de Spitz, plus de problèmes. »

«Тепер ми добре поспішимо; жодного Шпіца більше, жодних проблем».

Perrault préparait le matériel et chargeait le traîneau avec soin.

Перро пакував спорядження та обережно вантажив сани.

François a attelé les chiens en prévision de la course du jour.

Франсуа запряг собак, готуючись до денної пробіжки.

Buck a trotté directement vers la position de tête autrefois détenue par Spitz.

Бак помчав прямо до лідируючої позиції, яку колись займав Шпітц.

Mais François, sans s'en apercevoir, conduisit Solleks vers l'avant.

Але Франсуа, не помічаючи цього, повів Соллекса вперед.

Aux yeux de François, Solleks était désormais le meilleur chien de tête.

На думку Франсуа, Соллекс тепер був найкращим собакою-поводирем.

Buck se jeta sur Solleks avec fureur et le repoussa en signe de protestation.

Бак розлючено кинувся на Соллекса та відштовхнув його назад на знак протесту.

Il se tenait là où Spitz s'était autrefois tenu, revendiquant la position de leader.

Він стояв там, де колись стояв Шпіц, претендуючи на лідируючу позицію.

« Hein ? Hein ? » s'écria François en se frappant les cuisses d'un air amusé.

«Е? Еге?» — вигукнув Франсуа, весело ляскаючи себе по стегнах.

« Regardez Buck, il a tué Spitz, et maintenant il veut prendre le poste ! »

«Подивись на Бака — він убив Шпіца, а тепер хоче зайняти цю роботу!»

« Va-t'en, Chook ! » cria-t-il, essayant de chasser Buck.

«Іди геть, Чуку!» — крикнув він, намагаючись прогнати Бака.

Mais Buck refusa de bouger et resta ferme dans la neige.

Але Бак відмовився рухатися і твердо стояв на снігу.

François attrapa Buck par la peau du cou et le tira sur le côté.

Франсуа схопив Бака за шкірку й відтягнув його вбік.

Buck grogna bas et menaçant mais n'attaqua pas.

Бак тихо та загрозливо гаркнув, але не атакував.

François a remis Solleks en tête, tentant de régler le différend

Франсуа вивів Соллекса вперед, намагаючись врегулювати суперечку.

Le vieux chien avait peur de Buck et ne voulait pas rester.

Старий собака виявляв страх перед Баком і не хотів залишатися.

Quand François lui tourna le dos, Buck chassa à nouveau Solleks.

Коли Франсуа повернувся спиною, Бак знову вигнав Соллекса.

Solleks n'a pas résisté et s'est discrètement écarté une fois de plus.

Соллекс не чинив опору і знову тихо відійшов убік.

François s'est mis en colère et a crié : « Par Dieu, je te répare ! »

Франсуа розсердився і закричав: «Боже мій, я тебе вилечу!»

Il s'approcha de Buck en tenant une lourde massue à la main.

Він підійшов до Бака, тримаючи в руці важку палицю.

Buck se souvenait bien de l'homme au pull rouge.

Бак добре пам'ятав чоловіка в червоному светрі.

Il recula lentement, observant François, mais grognant profondément.

Він повільно відступив, спостерігаючи за Франсуа, але глибоко гарчачи.

Il ne s'est pas précipité en arrière, même lorsque Solleks s'est levé à sa place.

Він не поспішив назад, навіть коли Соллекс став на його місці.

Buck tourna en rond juste hors de portée, grognant de fureur et de protestation.

Бак кружляв трохи поза межами досяжності, гарчачи від люті та протесту.

Il gardait les yeux fixés sur le club, prêt à esquiver si François lançait.

Він не відводив очей від кийка, готовий ухилитися, якщо Франсуа кине.

Il était devenu sage et prudent quant aux manières des hommes armés.

Він став мудрішим і обережнішим у поводженні з людьми зі зброєю.

François abandonna et rappela Buck à son ancienne place.

Франсуа здався і знову покликав Бака на своє попереднє місце.

Mais Buck recula prudemment, refusant d'obéir à l'ordre.

Але Бак обережно відступив, відмовляючись виконувати наказ.

François le suivit, mais Buck ne recula que de quelques pas supplémentaires.

Франсуа пішов за ним, але Бак відступив лише на кілька кроків.

Après un certain temps, François jeta l'arme par frustration.

Через деякий час Франсуа у розпачі кинув зброю.

Il pensait que Buck craignait d'être battu et qu'il allait venir tranquillement.

Він думав, що Бак боїться побиття і збирається прийти тихенько.

Mais Buck n'évitait pas la punition : il se battait pour son rang.

Але Бак не уникав покарання — він боровся за звання.

Il avait gagné la place de chien de tête grâce à un combat à mort.

Він заслужив місце собаки-поводиря битвою до смерті

il n'allait pas se contenter de moins que d'être le leader.

він не збирався погоджуватися на менше, ніж бути лідером.

Perrault a participé à la poursuite pour aider à attraper le Buck rebelle.

Перро долучився до погоні, щоб допомогти спіймати непокірного Бака.

Ensemble, ils l'ont fait courir dans le camp pendant près d'une heure.

Разом вони майже годину ганяли його по табору.

Ils lui lancèrent des coups de massue, mais Buck les esquiva habilement.

Вони кидали в нього кийки, але Бак вміло ухилявся від кожної.
Ils l'ont maudit, lui, ses ancêtres, ses descendants et chaque cheveu de sa personne.
Вони прокляли його, його предків, його нащадків і кожну волосину на ньому.
Mais Buck se contenta de gronder en retour et resta hors de leur portée.
Але Бак лише гаркнув у відповідь і тримався поза їхньою досяжністю.
Il n'a jamais essayé de s'enfuir mais a délibérément tourné autour du camp.
Він ніколи не намагався втекти, а навмисно обходив табір.
Il a clairement fait savoir qu'il obéirait une fois qu'ils lui auraient donné ce qu'il voulait.
Він чітко дав зрозуміти, що підкориться, як тільки вони дадуть йому те, що він хоче.
François s'est finalement assis et s'est gratté la tête avec frustration.
Франсуа нарешті сів і роздратовано почухав голову.
Perrault consulta sa montre, jura et marmonna à propos du temps perdu.
Перро глянув на годинник, вилаявся і пробурмотів щось про втрачений час.
Une heure s'était déjà écoulée alors qu'ils auraient dû être sur la piste.
Вже минула година з того часу, як вони мали бути на стежці.
François haussa les épaules d'un air penaud en direction du coursier, qui soupira de défaite.
Франсуа сором'язливо знизав плечима, дивлячись на кур'єра, який зітхнув з поразкою.
François se dirigea alors vers Solleks et appela Buck une fois de plus.
Потім Франсуа підійшов до Соллекса і ще раз гукнув Бака.
Buck rit comme rit un chien, mais garda une distance prudente.

Бак реготав, як собака, але тримався на обережній дистанції.

François retira le harnais de Solleks et le remit à sa place.
Франсуа зняв із Соллекса шлейку та повернув його на місце.

L'équipe de traîneau était entièrement harnachée, avec seulement une place libre.
Санна була повністю запряжена, залишаючи лише одне вільне місце.

La position de tête est restée vide, clairement destinée à Buck seul.
Лідерська позиція залишалася порожньою, явно призначеною лише для Бака.

François appela à nouveau, et à nouveau Buck rit et tint bon.
Франсуа знову гукнув, і Бак знову засміявся та встояв на своєму.

« Jetez le club », ordonna Perrault sans hésitation.
«Кинь кийок», — без вагань наказав Перро.

François obéit et Buck trotta immédiatement en avant, fièrement.
Франсуа послухався, і Бак одразу ж гордо попрямував уперед.

Il rit triomphalement et prit la tête.
Він переможно засміявся і зайняв лідируючу позицію.

François a sécurisé ses traces et le traîneau a été détaché.
Франсуа закріпив свої сліди, і сани відірвались.

Les deux hommes couraient côte à côte tandis que l'équipe s'engageait sur le sentier de la rivière.
Обидва чоловіки бігли поруч, коли команда мчала стежкою вздовж річки.

François avait une haute opinion des « deux diables » de Buck,
Франсуа мав високу думку про «двох дияволів» Бака

mais il s'est vite rendu compte qu'il avait en fait sous-estimé le chien.
але невдовзі він зрозумів, що насправді недооцінив собаку.

Buck a rapidement pris le leadership et a fait preuve d'excellence.

Бак швидко взяв на себе лідерство та показав відмінні результати.

En termes de jugement, de réflexion rapide et d'action, Buck a surpassé Spitz.

У кмітливості, швидкому мисленні та швидких діях Бак перевершив Шпітца.

François n'avait jamais vu un chien égal à celui que Buck présentait maintenant.

Франсуа ніколи не бачив собаки, подібного до того, якого зараз демонстрував Бак.

Mais Buck excellait vraiment dans l'art de faire respecter l'ordre et d'imposer le respect.

Але Бак справді досяг успіху в забезпеченні порядку та викликанні поваги.

Dave et Solleks ont accepté le changement sans inquiétude ni protestation.

Дейв і Соллекс прийняли зміну без занепокоєння чи протестів.

Ils se concentraient uniquement sur le travail et tiraient fort sur les rênes.

Вони зосередилися лише на роботі та наполегливо тримали віжки.

Peu leur importait de savoir qui menait, tant que le traîneau continuait d'avancer.

Їм було байдуже, хто веде, головне, щоб сани рухалися.

Billee, la joyeuse, aurait pu diriger pour autant qu'ils s'en soucient.

Біллі, життєрадісна, могла б повести за собою як завгодно.

Ce qui comptait pour eux, c'était la paix et l'ordre dans les rangs.

Для них головним був мир і порядок у лавах.

Le reste de l'équipe était devenu indiscipliné pendant le déclin de Spitz.

Решта команди стала неслухняною під час занепаду Шпіца.

Ils furent choqués lorsque Buck les ramena immédiatement à l'ordre.

Вони були шоковані, коли Бак одразу ж навів їх до ладу.

Pike avait toujours été paresseux et traînait les pieds derrière Buck.

Пайк завжди був лінивим і тягнувся за Баком.

Mais maintenant, il a été sévèrement discipliné par la nouvelle direction.

Але тепер нове керівництво суворо його дисциплінувало.

Et il a rapidement appris à faire sa part dans l'équipe.

І він швидко навчився брати на себе відповідальність у команді.

À la fin de la journée, Pike avait travaillé plus dur que jamais.

До кінця дня Пайк працював старанніше, ніж будь-коли раніше.

Cette nuit-là, au camp, Joe, le chien aigri, fut finalement maîtrisé.

Тієї ночі в таборі Джо, кислий пес, нарешті був приборканий.

Spitz n'avait pas réussi à le discipliner, mais Buck n'avait pas échoué.

Шпіц не зміг його покарати, але Бак не підвів.

Grâce à son poids plus important, Buck a vaincu Joe en quelques secondes.

Використовуючи свою більшу вагу, Бак за лічені секунди здолав Джо.

Il a mordu et battu Joe jusqu'à ce qu'il gémisse et cesse de résister.

Він кусав і бив Джо, доки той не заскиглив і не перестав чинити опір.

Toute l'équipe s'est améliorée à partir de ce moment-là.

З того моменту вся команда покращилася.

Les chiens ont retrouvé leur ancienne unité et leur discipline.

Собаки повернули собі колишню єдність і дисципліну.
À Rink Rapids, deux nouveaux huskies indigènes, Teek et Koona, nous ont rejoint.
У Рінк-Рапідс до нас приєдналися два нових місцевих хаскі, Тік та Куна.
La rapidité avec laquelle Buck les dressa étonna même François.
Швидке навчання Баком вразило навіть Франсуа.
« Il n'y a jamais eu de chien comme ce Buck ! » s'écria-t-il avec stupéfaction.
«Ніколи не було такого собаки, як цей Бак!» — вигукнув він з подивом.
« Non, jamais ! Il vaut mille dollars, bon sang ! »
«Ні, ніколи! Він же вартий тисячі доларів, їй-богу!»
« Hein ? Qu'en dis-tu, Perrault ? » demanda-t-il avec fierté.
«Га? Що ви скажете, Перро?» — спитав він з гордістю.
Perrault hocha la tête en signe d'accord et vérifia ses notes.
Перро кивнув на знак згоди та перевірив свої нотатки.
Nous sommes déjà en avance sur le calendrier et gagnons chaque jour davantage.
Ми вже випереджаємо графік і з кожним днем набираємо обертів.
Le sentier était dur et lisse, sans neige fraîche.
Стежка була твердою та гладкою, без свіжого снігу.
Le froid était constant, oscillant autour de cinquante degrés en dessous de zéro.
Холод був стабільним, весь час тримаючись на позначці п'ятдесят градусів нижче нуля.
Les hommes montaient et couraient à tour de rôle pour se réchauffer et gagner du temps.
Чоловіки їхали та бігли по черзі, щоб зігрітися та виграти час.
Les chiens couraient vite avec peu d'arrêts, poussant toujours vers l'avant.
Собаки бігли швидко, майже не зупиняючись, завжди штовхаючись уперед.

La rivière Thirty Mile était en grande partie gelée et facile à traverser.
Річка Тридцять-Майл була здебільшого замерзла і її було легко перетнути.

Ils sont sortis en un jour, ce qui leur avait pris dix jours pour venir.
Вони вийшли за один день, на прибуття яких знадобилося десять днів.

Ils ont parcouru une distance de soixante milles du lac Le Barge jusqu'à White Horse.
Вони здійснили шістдесятимильний ривок від озера Ле-Барж до Білого Коня.

À travers les lacs Marsh, Tagish et Bennett, ils se déplaçaient incroyablement vite.
Через озера Марш, Тагіш та Беннетт вони рухалися неймовірно швидко.

L'homme qui courait était tiré derrière le traîneau par une corde.
Бігун тягнув за санками мотузку.

La dernière nuit de la deuxième semaine, ils sont arrivés à destination.
В останню ніч другого тижня вони дісталися до місця призначення.

Ils avaient atteint ensemble le sommet du col White.
Вони разом досягли вершини Білого перевалу.

Ils sont descendus au niveau de la mer avec les lumières de Skaguay en dessous d'eux.
Вони спустилися до рівня моря, а вогні Скагуея були під ними.

Il s'agissait d'une course record à travers des kilomètres de nature froide et sauvage.
Це був рекордний пробіг через багатокілометрову холодну пустелю.

Pendant quatorze jours d'affilée, ils ont parcouru en moyenne quarante miles.
Протягом чотирнадцяти днів поспіль вони в середньому долали сорок миль.

À Skaguay, Perrault et François transportaient des marchandises à travers la ville.
У Скагуеї Перро та Франсуа перевозили вантажі через місто.

Ils ont été acclamés et ont reçu de nombreuses boissons de la part d'une foule admirative.
Захоплені натовпи вітали їх оплесками та пропонували багато напоїв.

Les chasseurs de chiens et les ouvriers se sont rassemblés autour du célèbre attelage de chiens.
Щуни-собаки та працівники зібралися навколо відомої собачої упряжки.

Puis les hors-la-loi de l'Ouest arrivèrent en ville et subirent une violente défaite.
Потім до міста прийшли західні злочинці та зазнали жорстокої поразки.

Les gens ont vite oublié l'équipe et se sont concentrés sur un nouveau drame.
Люди швидко забули про команду та зосередилися на новій драмі.

Puis sont arrivées les nouvelles commandes qui ont tout changé d'un coup.
Потім з'явилися нові накази, які одразу все змінили.

François appela Buck à lui et le serra dans ses bras avec une fierté larmoyante.
Франсуа покликав Бака до себе та обійняв його зі сльозами на очах.

Ce moment fut la dernière fois que Buck revit François.
Того моменту Бак востаннє бачив Франсуа.

Comme beaucoup d'hommes avant eux, François et Perrault étaient tous deux partis.
Як і багато чоловіків до цього, і Франсуа, і Перро вже не було в живих.

Un métis écossais a pris en charge Buck et ses coéquipiers de chiens de traîneau.
Шотландський метис взяв на себе відповідальність за Бака та його товаришів по команді їздових собак.

Avec une douzaine d'autres équipes de chiens, ils sont retournés par le sentier jusqu'à Dawson.
З десятком інших собачих упряжок вони повернулися стежкою до Доусона.
Ce n'était plus une course rapide, juste un travail pénible avec une lourde charge chaque jour.
Це вже не був швидкий біг — лише важка праця з важким вантажем щодня.
C'était le train postal qui apportait des nouvelles aux chercheurs d'or près du pôle.
Це був поштовий поїзд, який віз звістки мисливцям за золотом поблизу полюса.
Buck n'aimait pas le travail mais le supportait bien, étant fier de ses efforts.
Баку не подобалася ця робота, але він добре її зносив, пишаючись своїми зусиллями.
Comme Dave et Solleks, Buck a fait preuve de dévouement dans chaque tâche quotidienne.
Як і Дейв і Соллекс, Бак виявляв відданість кожному щоденному завданню.
Il s'est assuré que chacun de ses coéquipiers fasse sa part du travail.
Він подбав про те, щоб кожен з його товаришів по команді зробив свою справу.
La vie sur les sentiers est devenue ennuyeuse, répétée avec la précision d'une machine.
Життя на стежці стало нудним, повторюваним з точністю машини.
Chaque jour était le même, un matin se fondant dans le suivant.
Кожен день був однаковим, один ранок зливався з наступним.
À la même heure, les cuisiniers se levèrent pour allumer des feux et préparer la nourriture.
Тієї ж години кухарі встали, щоб розпалити багаття та приготувати їжу.

Après le petit-déjeuner, certains quittèrent le camp tandis que d'autres attelèrent les chiens.

Після сніданку дехто покинув табір, а інші запрягли собак.

Ils ont pris la route avant que le faible avertissement de l'aube ne touche le ciel.

Вони вийшли на стежку ще до того, як небо торкнулося тьмяних променів світанку.

La nuit, ils s'arrêtaient pour camper, chaque homme ayant une tâche précise.

Вночі вони зупинялися, щоб розбити табір, кожен чоловік мав свій обов'язок.

Certains ont monté les tentes, d'autres ont coupé du bois de chauffage et ramassé des branches de pin.

Дехто розбивав намети, інші рубали дрова та збирали соснове гілля.

De l'eau ou de la glace étaient ramenées aux cuisiniers pour le repas du soir.

На вечерю кухарям несли воду або лід.

Les chiens ont été nourris et c'était le meilleur moment de la journée pour eux.

Собак нагодували, і це була для них найкраща частина дня.

Après avoir mangé du poisson, les chiens se sont détendus et se sont allongés près du feu.

Після того, як собаки поїли риби, вони розслабилися та відпочили біля вогнища.

Il y avait une centaine d'autres chiens dans le convoi avec lesquels se mêler.

У колоні було ще близько сотні собак, з якими можна було спілкуватися.

Beaucoup de ces chiens étaient féroces et prompts à se battre sans prévenir.

Багато з цих собак були лютими та швидко билися без попередження.

Mais après trois victoires, Buck a maîtrisé même les combattants les plus féroces.

Але після трьох перемог Бак опанував навіть найзапекліших бійців.

Maintenant, quand Buck grogna et montra ses dents, ils s'écartèrent.

Тепер, коли Бак загарчав і показав зуби, вони відступили вбік.

Mais le plus beau dans tout ça, c'est que Buck aimait s'allonger près du feu de camp vacillant.

Мабуть, найбільше Бак любив лежати біля мерехтливого багаття.

Il s'accroupit, les pattes arrière repliées et les pattes avant tendues vers l'avant.

Він присів, підібгавши задні лапи та витягнувши передні вперед.

Sa tête était levée tandis qu'il cligna doucement des yeux devant les flammes rougeoyantes.

Він підняв голову, ледь помітно кліпаючи очима на сяюче полум'я.

Parfois, il se souvenait de la grande maison du juge Miller à Santa Clara.

Іноді він згадував великий будинок судді Міллера в Санта-Кларі.

Il pensait à la piscine en ciment, à Ysabel et au carlin appelé Toots.

Він подумав про цементний басейн, про Ізабель та мопса на ім'я Тутс.

Mais le plus souvent, il se souvenait du club de l'homme au pull rouge.

Але частіше він згадував чоловіка з кийком у червоному светрі.

Il se souvenait de la mort de Curly et de sa bataille acharnée contre Spitz.

Він згадав смерть Кучерява та його запеклу битву зі Шпіцем.

Il se souvenait aussi des bons plats qu'il avait mangés ou dont il rêvait encore.

Він також згадував смачну їжу, яку їв або про яку досі мріяв.

Buck n'avait pas le mal du pays : la vallée chaude était lointaine et irréelle.

Бак не сумував за домівкою — тепла долина була далекою та нереальною.

Les souvenirs de Californie n'avaient plus vraiment d'influence sur lui.

Спогади про Каліфорнію більше не мали на нього жодного справжнього впливу.

Plus forts que la mémoire étaient les instincts profondément ancrés dans sa lignée.

Сильнішими за пам'ять були інстинкти, глибоко закладені в його крові.

Les habitudes autrefois perdues étaient revenues, ravivées par le sentier et la nature sauvage.

Колись втрачені звички повернулися, відроджені стежкою та дикою природою.

Tandis que Buck regardait la lumière du feu, cela devenait parfois autre chose.

Коли Бак спостерігав за світлом вогню, воно часом ставало чимось іншим.

Il vit à la lueur du feu un autre feu, plus vieux et plus profond que celui-ci.

У світлі каміна він побачив інше вогнище, старше та глибше за теперішнє.

À côté de cet autre feu se tenait accroupi un homme qui ne ressemblait pas au cuisinier métis.

Біля того іншого вогню причаївся чоловік, несхожий на кухаря-метиса.

Cette figurine avait des jambes courtes, de longs bras et des muscles durs et noués.

Ця фігура мала короткі ноги, довгі руки та тверді, вузлуваті м'язи.

Ses cheveux étaient longs et emmêlés, tombant en arrière à partir des yeux.

Його волосся було довге й скуйовджене, воно спадало назад від очей.

Il émit des sons étranges et regarda l'obscurité avec peur.

Він видавав дивні звуки та з переляком дивився на темряву.

Il tenait une massue en pierre basse, fermement serrée dans sa longue main rugueuse.

Він низько тримав кам'яну палицю, міцно затиснуту в довгій шорсткій руці.

L'homme portait peu de vêtements ; juste une peau carbonisée qui pendait dans son dos.

Чоловік був майже не одягнений; лише обвуглена шкіра, що звисала з його спини.

Son corps était couvert de poils épais sur les bras, la poitrine et les cuisses.

Його тіло було вкрите густим волоссям на руках, грудях і стегнах.

Certaines parties des cheveux étaient emmêlées en plaques de fourrure rugueuse.

Деякі частини волосся були переплутані в клапті грубого хутра.

Il ne se tenait pas droit mais penché en avant des hanches jusqu'aux genoux.

Він не стояв прямо, а нахилився вперед від стегон до колін.

Ses pas étaient élastiques et félins, comme s'il était toujours prêt à bondir.

Його кроки були пружними та котячими, ніби завжди готові стрибнути.

Il y avait une vive vigilance, comme s'il vivait dans une peur constante.

Була якась різка пильність, ніби він жив у постійному страху.

Cet homme ancien semblait s'attendre au danger, que le danger soit perçu ou non.

Здавалося, що цей стародавній чоловік очікував небезпеки, незалежно від того, чи бачила вона небезпеку, чи ні.

Parfois, l'homme poilu dormait près du feu, la tête entre les jambes.
Часом волохатий чоловік спав біля вогню, засунувши голову між ніг.
Ses coudes reposaient sur ses genoux, ses mains jointes au-dessus de sa tête.
Його лікті лежали на колінах, руки були схрещені над головою.
Comme un chien, il utilisait ses bras velus pour se débarrasser de la pluie qui tombait.
Як собака, він використовував свої волохаті руки, щоб скидати з себе дощ, що падав.
Au-delà de la lumière du feu, Buck vit deux charbons jumeaux briller dans l'obscurité.
За світлом вогню Бак побачив, як у темряві сяють два вугілля.
Toujours deux par deux, ils étaient les yeux des bêtes de proie traquantes.
Завжди по двоє, вони були очима хижих звірів, що переслідували їх.
Il entendit des corps s'écraser à travers les broussailles et des bruits se faire entendre dans la nuit.
Він чув, як тіла провалюються крізь кущі, та звуки, що доносилися вночі.
Allongé sur la rive du Yukon, clignant des yeux, Buck rêvait près du feu.
Лежачи на березі Юкону, кліпаючи очима, Бак мріяв біля вогнища.
Les images et les sons de ce monde sauvage lui faisaient dresser les cheveux sur la tête.
Від видовища та звуків цього дикого світу його волосся стало дибки.
La fourrure s'élevait le long de son dos, de ses épaules et de son cou.
Хутро стало дибки по його спині, плечах і шиї.
Il gémissait doucement ou émettait un grognement sourd au plus profond de sa poitrine.

Він тихо скиглив або глибоко в грудях тихо гарчав.
Alors le cuisinier métis cria : « Hé, toi Buck, réveille-toi ! »
Тоді кухар-метис крикнув: «Гей, Баку, прокидайся!»
Le monde des rêves a disparu et la vraie vie est revenue aux yeux de Buck.
Світ мрій зник, і реальне життя повернулося в очі Бака.
Il allait se lever, s'étirer et bâiller, comme s'il venait de se réveiller d'une sieste.
Він збирався встати, потягнутися та позіхнути, ніби прокинувся від дрімоти.
Le voyage était difficile, avec le traîneau postal qui traînait derrière eux.
Подорож була важкою, поштові сани тягнулися за ними.
Les lourdes charges et le travail pénible épuisaient les chiens à chaque longue journée.
Важкі вантажі та важка робота виснажували собак кожного довгого дня.
Ils arrivèrent à Dawson maigres, fatigués et ayant besoin de plus d'une semaine de repos.
Вони дісталися до Доусона виснаженими, втомленими та потребуючи відпочинку понад тиждень.
Mais seulement deux jours plus tard, ils repartaient sur le Yukon.
Але лише через два дні вони знову вирушили вниз по Юкону.
Ils étaient chargés de lettres supplémentaires destinées au monde extérieur.
Вони були навантажені ще більшою кількістю листів, що прямували до зовнішнього світу.
Les chiens étaient épuisés et les hommes se plaignaient constamment.
Собаки були виснажені, а чоловіки постійно скаржилися.
La neige tombait tous les jours, ramollissant le sentier et ralentissant les traîneaux.
Сніг падав щодня, розм'якшуючи стежку та уповільнюючи рух санок.

Cela a rendu la traction plus difficile et a entraîné plus de traînée sur les patins.
Це призвело до важчого тягнення та більшого опору бігунам.
Malgré cela, les pilotes étaient justes et se souciaient de leurs équipes.
Незважаючи на це, водії були справедливими та піклувалися про свої команди.
Chaque nuit, les chiens étaient nourris avant que les hommes ne puissent manger.
Щовечора собак годували, перш ніж чоловіки могли їсти.
Aucun homme ne dormait avant de vérifier les pattes de son propre chien.
Жоден чоловік не спав, не перевіривши ноги власного собаки.
Cependant, les chiens s'affaiblissaient à mesure que les kilomètres s'écoulaient sur leur corps.
Однак, собаки слабшали, оскільки кілометри зношували їхні тіла.
Ils avaient parcouru mille huit cents kilomètres pendant l'hiver.
За зиму вони подолали вісімсот миль.
Ils ont tiré des traîneaux sur chaque kilomètre de cette distance brutale.
Вони тягнули сани кожну милю цієї жорстокої відстані.
Même les chiens de traîneau les plus robustes ressentent de la tension après tant de kilomètres.
Навіть найвитриваліші їздові собаки відчувають напругу після стількох миль.
Buck a tenu bon, a permis à son équipe de travailler et a maintenu la discipline.
Бак тримався, підтримував роботу своєї команди та дисципліну.
Mais Buck était fatigué, tout comme les autres pendant le long voyage.
Але Бак був втомлений, як і інші під час довгої подорожі.

Billee gémissait et pleurait dans son sommeil chaque nuit sans faute.
Біллі щоночі без перерви скиглив і плакав уві сні.

Joe devint encore plus amer et Solleks resta froid et distant.
Джо ще більше озлобився, а Соллекс залишався холодним і відстороненим.

Mais c'est Dave qui a le plus souffert de toute l'équipe.
Але саме Дейв постраждав найбільше з усієї команди.

Quelque chose n'allait pas en lui, même si personne ne savait quoi.
Щось у ньому пішло не так, хоча ніхто не знав що саме.

Il est devenu de plus en plus maussade et s'en est pris aux autres avec une colère croissante.
Він ставав похмурішим і з дедалі більшим гнівом огризався на інших.

Chaque nuit, il se rendait directement à son nid, attendant d'être nourri.
Щоночі він ішов прямо до свого гнізда, чекаючи, поки його нагодують.

Une fois tombé, Dave ne s'est pas relevé avant le matin.
Як тільки він спустився, Дейв не вставав до ранку.

Sur les rênes, des secousses ou des sursauts brusques le faisaient crier de douleur.
Різкі ривки чи здригання на віжах змушували його кричати від болю.

Son chauffeur a recherché la cause du sinistre, mais n'a constaté aucune blessure.
Його водій з'ясував причину, але не виявив у нього жодних травм.

Tous les conducteurs ont commencé à regarder Dave et ont discuté de son cas.
Усі водії почали спостерігати за Дейвом та обговорювати його справу.

Ils ont discuté pendant les repas et pendant leur dernière cigarette de la journée.
Вони розмовляли за їжею та під час останньої сигарети за день.

Une nuit, ils ont tenu une réunion et ont amené Dave au feu.
Одного вечора вони провели зустріч і привели Дейва до багаття.
Ils pressèrent et sondèrent son corps, et il cria souvent.
Вони тиснули та торкалися його тіла, і він часто кричав.
De toute évidence, quelque chose n'allait pas, même si aucun os ne semblait cassé.
Очевидно, щось було не так, хоча, здавалося, жодної кістки не було зламано.
Au moment où ils atteignirent Cassiar Bar, Dave était en train de tomber.
Коли вони дісталися до бару «Кассіар», Дейв уже падав.
Le métis écossais a appelé à la fin et a retiré Dave de l'équipe.
Шотландський метис оголосив зупинку та виключив Дейва з команди.
Il a attaché Solleks à la place de Dave, le plus près de l'avant du traîneau.
Він прикріпив Соллекс на місці Дейва, найближче до передньої частини саней.
Il avait l'intention de laisser Dave se reposer et courir librement derrière le traîneau en mouvement.
Він мав намір дати Дейву відпочити та вільно бігати за санками, що рухалися.
Mais même malade, Dave détestait être privé du travail qu'il avait occupé.
Але навіть хворий, Дейв ненавидів, коли його забирали з роботи, яку він мав.
Il grogna et gémit tandis que les rênes étaient retirées de son corps.
Він загарчав і заскиглив, коли з його тіла зняли віжки.
Quand il vit Solleks à sa place, il pleura de douleur.
Коли він побачив Соллекса на своєму місці, то заплакав від розбитого серця болю.
La fierté du travail sur les sentiers était profonde chez Dave, même à l'approche de la mort.

Гордість за роботу на стежках глибоко відчувалася в Дейві, навіть коли наближалася смерть.

Alors que le traîneau se déplaçait, Dave pataugeait dans la neige molle près du sentier.

Коли сани рухалися, Дейв торкався м'якого снігу біля стежки.

Il a attaqué Solleks, le mordant et le poussant du côté du traîneau.

Він напав на Соллекса, кусаючи та штовхаючи його з боку саней.

Dave a essayé de sauter dans le harnais et de récupérer sa place de travail.

Дейв спробував застрибнути в ремінь безпеки та повернути собі робоче місце.

Il hurlait, gémissait et pleurait, déchiré entre la douleur et la fierté du travail.

Він верещав, скиглив і плакав, розриваючись між болем і гордістю за працю.

Le métis a utilisé son fouet pour essayer de chasser Dave de l'équipe.

Метис спробував своїм батогом відігнати Дейва від команди.

Mais Dave ignora le coup de fouet, et l'homme ne put pas le frapper plus fort.

Але Дейв проігнорував удар батогом, і чоловік не зміг вдарити його сильніше.

Dave a refusé le chemin le plus facile derrière le traîneau, où la neige était tassée.

Дейв відмовився від легкого шляху за санками, де був утрамбований сніг.

Au lieu de cela, il se débattait dans la neige profonde à côté du sentier, dans la misère.

Натомість він мучився у глибокому снігу біля стежки, страждаючи.

Finalement, Dave s'est effondré, allongé dans la neige et hurlant de douleur.

Зрештою, Дейв знепритомнів, лежачи на снігу та виючи від болю.
Il cria tandis que le long train de traîneaux le dépassait un par un.
Він скрикнув, коли довгий шлейф саней одна за одною проїжджав повз нього.
Pourtant, avec ce qu'il lui restait de force, il se leva et trébucha après eux.
І все ж, з останніми силами, він підвівся і, спотикаючись, пішов за ними.
Il l'a rattrapé lorsque le train s'est arrêté à nouveau et a retrouvé son vieux traîneau.
Він наздогнав, коли поїзд знову зупинився, і знайшов свої старі сани.
Il a dépassé les autres équipes et s'est retrouvé à nouveau aux côtés de Solleks.
Він пройшов повз інші команди та знову став поруч із Соллексом.
Alors que le conducteur s'arrêtait pour allumer sa pipe, Dave saisit sa dernière chance.
Коли водій зупинився, щоб закурити люльку, Дейв скористався останньою нагодою.
Lorsque le chauffeur est revenu et a crié, l'équipe n'a pas avancé.
Коли водій повернувся та крикнув, команда не рушила вперед.
Les chiens avaient tourné la tête, déconcertés par l'arrêt soudain.
Собаки повернули голови, збентежені раптовою зупинкою.
Le conducteur était également choqué : le traîneau n'avait pas avancé d'un pouce.
Візник теж був шокований — сани не просунулися вперед ні на дюйм.
Il a appelé les autres pour qu'ils viennent voir ce qui s'était passé.

Він покликав інших, щоб ті підійшли та подивилися, що сталося.

Dave avait mâché les rênes de Solleks, les brisant toutes les deux.

Дейв перегриз віжки Соллекса, розламавши обидві навпіл.

Il se tenait maintenant devant le traîneau, de retour à sa position légitime.

Тепер він стояв перед санками, знову на своєму законному місці.

Dave leva les yeux vers le conducteur, le suppliant silencieusement de rester dans les traces.

Дейв подивився на водія, мовчки благаючи його не збитися з колії.

Le conducteur était perplexe, ne sachant pas quoi faire pour le chien en difficulté.

Водій був спантеличений, не знаючи, що робити з собакою, яка боролася.

Les autres hommes parlaient de chiens qui étaient morts après avoir été emmenés dehors.

Інші чоловіки говорили про собак, яких вивели на вулицю.

Ils ont parlé de chiens âgés ou blessés dont le cœur se brisait lorsqu'ils étaient abandonnés.

Вони розповідали про старих або поранених собак, чиї серця розривалися, коли їх залишали без діла.

Ils ont convenu que c'était une preuve de miséricorde de laisser Dave mourir alors qu'il était encore dans son harnais.

Вони погодилися, що це милосердя — дозволити Дейву померти, поки він ще був у своїй упряжі.

Il était attaché au traîneau et Dave tirait avec fierté.

Його знову прив'язали до саней, і Дейв гордо тягнув.

Même s'il criait parfois, il travaillait comme si la douleur pouvait être ignorée.

Хоча він часом і кричав, він працював так, ніби біль можна було ігнорувати.

Plus d'une fois, il est tombé et a été traîné avant de se relever.

Не раз він падав і його тягли, перш ніж знову піднятися.

Un jour, le traîneau l'a écrasé et il a boité à partir de ce moment-là.

Одного разу сани перекинулися через нього, і з того моменту він шкутильгав.

Il travailla néanmoins jusqu'à ce qu'il atteigne le camp, puis s'allongea près du feu.

Однак він працював, доки не дістався табору, а потім ліг біля багаття.

Le matin, Dave était trop faible pour voyager ou même se tenir debout.

До ранку Дейв був надто слабкий, щоб їхати чи навіть стояти прямо.

Au moment de l'attelage, il essaya d'atteindre son conducteur avec un effort tremblant.

Коли час був застібатися, він тремтячим зусиллям спробував дотягнутися до свого візника.

Il se força à se relever, tituba et s'effondra sur le sol enneigé.

Він з силою підвівся, захитався і впав на засніжену землю.

À l'aide de ses pattes avant, il a traîné son corps vers la zone de harnais.

Використовуючи передні лапи, він потягнув своє тіло до місця для кріплення.

Il s'avança, pouce par pouce, vers les chiens de travail.

Він посувався вперед, дюйм за дюймом, до робочих собак.

Ses forces l'abandonnèrent, mais il continua d'avancer dans sa dernière poussée désespérée.

Його сили покинули, але він продовжував рухатися у своєму останньому відчайдушному поштовху.

Ses coéquipiers l'ont vu haleter dans la neige, impatients de les rejoindre.

Його товариші по команді бачили, як він задихався на снігу, все ще прагнучи приєднатися до них.

Ils l'entendirent hurler de tristesse alors qu'ils quittaient le camp.

Вони чули, як він горько виє, коли залишали табір.

Alors que l'équipe disparaissait dans les arbres, le cri de Dave résonna derrière eux.

Коли команда зникла за деревами, крик Дейва луною пролунав позаду них.

Le train de traîneaux s'est brièvement arrêté après avoir traversé un tronçon de forêt fluviale.

Санний поїзд ненадовго зупинився після перетину ділянки річкового лісу.

Le métis écossais retourna lentement vers le camp situé derrière lui.

Шотландський метис повільно повертався до табору позаду.

Les hommes ont arrêté de parler quand ils l'ont vu quitter le train de traîneaux.

Чоловіки замовкли, побачивши, як він виходить із саней.

Puis un coup de feu retentit clairement et distinctement de l'autre côté du sentier.

Потім чітко та різко пролунав один постріл по стежці.

L'homme revint rapidement et reprit sa place sans un mot.

Чоловік швидко повернувся і без жодного слова зайняв своє місце.

Les fouets claquaient, les cloches tintaient et les traîneaux roulaient dans la neige.

Клацнули батоги, задзвеніли дзвіночки, а сани покотилися по снігу.

Mais Buck savait ce qui s'était passé, et tous les autres chiens aussi.

Але Бак знав, що сталося, — як і всі інші собаки.

Le travail des rênes et du sentier
Праця віжок і стежки

Trente jours après avoir quitté Dawson, le Salt Water Mail atteignit Skaguay.
Через тридцять днів після відпливу з Доусона пошта «Солоної води» прибула до Скагуея.
Buck et ses coéquipiers ont pris la tête, arrivant dans un état pitoyable.
Бак та його товариші по команді вийшли вперед, прибувши на трасу в жалюгідному стані.
Buck était passé de cent quarante à cent quinze livres.
Бак схуд зі ста сорока до ста п'ятнадцяти фунтів.
Les autres chiens, bien que plus petits, avaient perdu encore plus de poids.
Інші собаки, хоча й менші, втратили ще більше ваги тіла.
Pike, autrefois un faux boiteux, traînait désormais derrière lui une jambe véritablement blessée.
Пайк, колись удаваний кульгавець, тепер тягнув за собою справді травмовану ногу.
Solleks boitait beaucoup et Dub avait une omoplate déchirée.
Соллекс сильно кульгав, а в Дуба було вивихнуто лопатку.
Tous les chiens de l'équipe avaient mal aux pieds après des semaines passées sur le sentier gelé.
У кожного собаки в упряжці ноги боліли від тижнів, проведених на замерзлій стежці.
Ils n'avaient plus aucun ressort dans leurs pas, seulement un mouvement lent et traînant.
У їхніх кроках не залишилося жодної пружності, лише повільний, тягнучий рух.
Leurs pieds heurtent durement le sentier, chaque pas ajoutant plus de tension à leur corps.
Їхні ноги важко вдарялися об стежку, кожен крок додавав більше навантаження на їхні тіла.
Ils n'étaient pas malades, seulement épuisés au-delà de toute guérison naturelle.

Вони не були хворі, лише виснажені до межі будь-якого природного одужання.

Ce n'était pas la fatigue d'une dure journée, guérie par une nuit de repos.

Це не була втома від одного важкого дня, яку можна було вилікувати нічним відпочинком.

C'était un épuisement qui s'était construit lentement au fil de mois d'efforts épuisants.

Це було виснаження, що повільно наростало місяцями виснажливих зусиль.

Il ne leur restait plus aucune force de réserve : ils avaient épuisé toutes leurs forces.

Резервних сил не залишилося — вони використали все, що мали.

Chaque muscle, chaque fibre et chaque cellule de leur corps étaient épuisés et usés.

Кожен м'яз, волокно та клітина в їхніх тілах були виснажені та зношені.

Et il y avait une raison : ils avaient parcouru deux mille cinq cents kilomètres.

І на те була причина — вони подолали дві з половиною тисячі миль.

Ils ne s'étaient reposés que cinq jours au cours des mille huit cents derniers kilomètres.

Вони відпочивали лише п'ять днів протягом останніх вісімнадцятисот миль.

Lorsqu'ils arrivèrent à Skaguay, ils semblaient à peine capables de se tenir debout.

Коли вони дісталися до Скагуея, то виглядали так, ніби ледве могли триматися на ногах.

Ils ont lutté pour garder les rênes serrées et rester devant le traîneau.

Їм було важко тримати віжки міцно та залишатися попереду саней.

Dans les descentes, ils ont tout juste réussi à éviter d'être écrasés.

На схилах вниз їм лише вдавалося уникнути наїзду.

« Continuez, pauvres pieds endoloris », dit le chauffeur tandis qu'ils boitaient.

«Вперед, бідні хворі ніжки», — сказав водій, коли вони шкутильгали.

« C'est la dernière ligne droite, après quoi nous aurons tous droit à un long repos, c'est sûr. »

«Це останній відрізок, а потім ми всі точно зробимо один довгий відпочинок».

« Un très long repos », promit-il en les regardant avancer en titubant.

«Один справді довгий відпочинок», — пообіцяв він, спостерігаючи, як вони хитаються вперед.

Les pilotes s'attendaient à bénéficier d'une longue pause bien méritée.

Водії очікували, що тепер у них буде довга та необхідна перерва.

Ils avaient parcouru douze cents milles avec seulement deux jours de repos.

Вони подолали тисячу двісті миль, маючи лише два дні відпочинку.

Par souci d'équité et de raison, ils estimaient avoir mérité un temps de détente.

Справедливості заради та розуму, вони вважали, що заслужили час на відпочинок.

Mais trop de gens étaient venus au Klondike et trop peu étaient restés chez eux.

Але забагато людей прибуло до Клондайку, і замало тих, хто залишився вдома.

Les lettres des familles ont afflué, créant des piles de courrier en retard.

Листи від родин посипалися потоком, утворюючи купи затриманої пошти.

Les ordres officiels sont arrivés : de nouveaux chiens de la Baie d'Hudson allaient prendre le relais.

Надійшов офіційний наказ — нові собаки з Гудзонової затоки мали зайняти місце.

Les chiens épuisés, désormais considérés comme sans valeur, devaient être éliminés.
Виснажених собак, яких тепер вважали нікчемними, мали позбутися.

Comme l'argent comptait plus que les chiens, ils allaient être vendus à bas prix.
Оскільки гроші мали більше значення, ніж собак, їх збиралися продавати дешево.

Trois jours supplémentaires passèrent avant que les chiens ne ressentent à quel point ils étaient faibles.
Минуло ще три дні, перш ніж собаки відчули, наскільки вони слабкі.

Le quatrième matin, deux hommes venus des États-Unis ont acheté toute l'équipe.
На четвертий ранок двоє чоловіків зі Штатів купили всю команду.

La vente comprenait tous les chiens, ainsi que leur harnais usagé.
У продаж входили всі собаки, а також їхня зношена шлейка.

Les hommes s'appelaient mutuellement « Hal » et « Charles » lorsqu'ils concluaient l'affaire.
Завершуючи угоду, чоловіки називали один одного «Гал» і «Чарльз».

Charles était d'âge moyen, pâle, avec des lèvres molles et des pointes de moustache féroces.
Чарльз був середнього віку, блідий, з млявими губами та різкими кінчиками вусів.

Hal était un jeune homme, peut-être âgé de dix-neuf ans, portant une ceinture bourrée de cartouches.
Гел був молодим чоловіком, можливо, дев'ятнадцяти років, на поясі з патронами.

La ceinture contenait un gros revolver et un couteau de chasse, tous deux inutilisés.
На поясі лежали великий револьвер і мисливський ніж, обидва невикористані.

Cela a montré à quel point il était inexpérimenté et inapte à la vie dans le Nord.
Це показувало, наскільки він був недосвідчений і непридатний для північного життя.

Aucun des deux hommes n'appartenait à la nature sauvage ; leur présence défiait toute raison.
Жоден з них не мав права жити в дикій природі; їхня присутність кидала виклик будь-якому розумному глузду.

Buck a regardé l'argent échanger des mains entre l'acheteur et l'agent.
Бак спостерігав, як покупець та агент обмінювалися грошима.

Il savait que les conducteurs du train postal allaient le quitter comme les autres.
Він знав, що машиністи поштових поїздів залишають його життя, як і всі інші.

Ils suivirent Perrault et François, désormais irrévocables.
Вони йшли за Перро та Франсуа, яких уже не було в пам'яті.

Buck et l'équipe ont été conduits dans le camp négligé de leurs nouveaux propriétaires.
Бака та команду відвели до неохайного табору їхніх нових власників.

La tente s'affaissait, la vaisselle était sale et tout était en désordre.
Намет прогинався, посуд був брудний, і все лежало в безладді.

Buck remarqua également une femme : Mercedes, la femme de Charles et la sœur de Hal.
Бак помітив там і жінку — Мерседес, дружину Чарльза та сестру Гела.

Ils formaient une famille complète, bien que loin d'être adaptée au sentier.
Вони були повноцінною родиною, хоча й далеко не підходили для цієї стежки.

Buck regarda nerveusement le trio commencer à emballer les fournitures.

Бак нервово спостерігав, як трійця почала пакувати припаси.

Ils ont travaillé dur mais sans ordre, juste du grabuge et des efforts gaspillés.

Вони наполегливо працювали, але без порядку — лише метушня та марні зусилля.

La tente a été roulée dans une forme volumineuse, beaucoup trop grande pour le traîneau.

Намет згорнувся у громіздку форму, занадто великий для саней.

La vaisselle sale a été emballée sans avoir été nettoyée ni séchée du tout.

Брудний посуд був упакований, зовсім не помитий і не висушений.

Mercedes voltigeait, parlant constamment, corrigeant et intervenant.

Мерседес пурхала навколо, безперервно розмовляючи, виправляючи та втручаючись.

Lorsqu'un sac était placé à l'avant, elle insistait pour qu'il soit placé à l'arrière.

Коли мішок поклали спереду, вона наполягла, щоб його поклали ззаду.

Elle a mis le sac au fond, et l'instant d'après, elle en avait besoin.

Вона сховала мішок на дно, і наступної миті він їй знадобився.

Le traîneau a donc été déballé à nouveau pour atteindre le sac spécifique.

Тож сани знову розпакували, щоб дістатися до однієї конкретної сумки.

À proximité, trois hommes se tenaient devant une tente, observant la scène se dérouler.

Неподалік троє чоловіків стояли біля намету, спостерігаючи за тим, що розгорталося.

Ils souriaient, faisaient des clins d'œil et souriaient à la confusion évidente des nouveaux arrivants.

Вони посміхалися, підморгували та щиро всміхалися, бачачи очевидне збентеження новачків.

« Vous avez déjà une charge très lourde », dit l'un des hommes.

«У тебе вже й так досить важкий вантаж», — сказав один із чоловіків.

« Je ne pense pas que tu devrais porter cette tente, mais c'est ton choix. »

«Я не думаю, що тобі варто нести цей намет, але це твій вибір».

« Inimaginable ! » s'écria Mercedes en levant les mains de désespoir.

«Неймовірно!» — вигукнула Мерседес, у відчаї змахнувши руками.

« Comment pourrais-je voyager sans une tente sous laquelle dormir ? »

«Як я взагалі можу подорожувати без намету, під яким можна було б переночувати?»

« C'est le printemps, vous ne verrez plus jamais de froid », répondit l'homme.

«Весна — більше ти не побачиш холодів», — відповів чоловік.

Mais elle secoua la tête et ils continuèrent à empiler des objets sur le traîneau.

Але вона похитала головою, а вони продовжували складати речі на сани.

La charge s'élevait dangereusement alors qu'ils ajoutaient les dernières choses.

Вантаж небезпечно піднімався високо, поки вони додавали останні речі.

« Tu penses que le traîneau va rouler ? » demanda l'un des hommes avec un regard sceptique.

«Думаєш, сани поїдуть?» — скептично спитав один із чоловіків.

« Pourquoi pas ? » rétorqua Charles, vivement agacé.

— Чому б і ні? — різко відрізав Чарльз.

« Oh, ce n'est pas grave », dit rapidement l'homme, s'éloignant de l'offense.

«О, все гаразд», — швидко сказав чоловік, відступаючи від образи.

« Je me demandais juste – ça me semblait un peu trop lourd. »

«Я просто хотів подумати — мені здалося, що зверху трохи занадто важко».

Charles se détourna et attacha la charge du mieux qu'il put.

Чарльз відвернувся і якнайкраще зав'язав вантаж.

Mais les attaches étaient lâches et l'emballage mal fait dans l'ensemble.

Але кріплення були нещільно закріплені, а пакування загалом погано виконане.

« Bien sûr, les chiens tireront ça toute la journée », a dit un autre homme avec sarcasme.

«Звичайно, собаки тягнутимуть це цілий день», — саркастично сказав інший чоловік.

« Bien sûr », répondit froidement Hal en saisissant le long mât du traîneau.

«Звичайно», — холодно відповів Гел, схопившись за довгу жердину саней.

D'une main sur le poteau, il faisait tournoyer le fouet dans l'autre.

Тримаючись однією рукою за жердинку, він розмахував батогом в іншій.

« Allons-y ! » cria-t-il. « Allez ! » exhortant les chiens à démarrer.

«Ходімо!» — крикнув він. «Рухайтеся!» — підштовхуючи собак рушати.

Les chiens se sont penchés sur le harnais et ont tendu pendant quelques instants.

Собаки нахилилися до шлейки та напружилися кілька хвилин.

Puis ils s'arrêtèrent, incapables de déplacer d'un pouce le traîneau surchargé.

Потім вони зупинилися, не в змозі зрушити перевантажені сани ні на дюйм.

« Ces brutes paresseuses ! » hurla Hal en levant le fouet pour les frapper.

«Ліниві негідники!» — крикнув Гел, піднімаючи батіг, щоб ударити їх.

Mais Mercedes s'est précipitée et a saisi le fouet des mains de Hal.

Але Мерседес кинулася всередину і вихопила батіг з рук Гела.

« Oh, Hal, n'ose pas leur faire de mal », s'écria-t-elle, alarmée.

«О, Геле, не смій їх ображати!» — стривожено вигукнула вона.

« Promets-moi que tu seras gentil avec eux, sinon je n'irai pas plus loin. »

«Пообіцяй мені, що будеш до них добрим, інакше я не зроблю ні кроку більше».

« Tu ne connais rien aux chiens », lança Hal à sa sœur.

«Ти нічого не знаєш про собак», — різко сказав Гел сестрі.

« Ils sont paresseux, et la seule façon de les déplacer est de les fouetter. »

«Вони ліниві, і єдиний спосіб їх зрушити з місця — це відшмагати батогом».

« Demandez à n'importe qui, demandez à l'un de ces hommes là-bas si vous doutez de moi. »

«Запитай будь-кого… запитай одного з тих чоловіків он там, якщо сумніваєшся в мені».

Mercedes regarda les spectateurs avec des yeux suppliants et pleins de larmes.

Мерседес подивилася на глядачів благальними, сльозливими очима.

Son visage montrait à quel point elle détestait la vue de la douleur.

Її обличчя показувало, як глибоко вона ненавиділа будь-який біль.

« Ils sont faibles, c'est tout », dit un homme. « Ils sont épuisés. »

«Вони слабкі, от і все», — сказав один чоловік. «Вони виснажені».

« Ils ont besoin de repos, ils ont travaillé trop longtemps sans pause. »

«Їм потрібен відпочинок — вони надто довго працювали без перерви».

« Que le repos soit maudit », murmura Hal, la lèvre retroussée.

«Будь проклятий решта», — пробурмотів Гел, скрививши губи.

Mercedes haleta, clairement peinée par ce mot grossier de sa part.

Мерседес ахнула, явно засмучена його грубим словом.

Pourtant, elle est restée loyale et a immédiatement défendu son frère.

Однак вона залишилася вірною та одразу стала на захист свого брата.

« Ne fais pas attention à cet homme », dit-elle à Hal. « Ce sont nos chiens. »

«Не звертай уваги на цього чоловіка», — сказала вона Гелу. «Це наші собаки».

« Vous les conduisez comme bon vous semble, faites ce que vous pensez être juste. »

«Керуйте ними, як вважаєте за потрібне — робіть те, що вважаєте правильним».

Hal leva le fouet et frappa à nouveau les chiens sans pitié.

Гел підняв батіг і знову безжалісно вдарив собак.

Ils se sont précipités en avant, le corps bas, les pieds poussant dans la neige.

Вони кинулися вперед, низько пригнувшись, ногами впиваючись у сніг.

Toutes leurs forces étaient utilisées pour tirer, mais le traîneau ne bougeait pas.

Вся їхня сила була спрямована на тягу, але сани не рухалися.

Le traîneau est resté coincé, comme une ancre figée dans la neige tassée.
Сани застрягли, немов якір, застиглий у утрамбованому снігу.

Après un deuxième effort, les chiens s'arrêtèrent à nouveau, haletants.
Після другої спроби собаки знову зупинилися, важко задихаючись.

Hal leva à nouveau le fouet, juste au moment où Mercedes intervenait à nouveau.
Гел знову підняв батіг, якраз коли Мерседес знову втрутилася.

Elle tomba à genoux devant Buck et lui serra le cou.
Вона опустилася на коліна перед Баком і обійняла його за шию.

Les larmes lui montèrent aux yeux tandis qu'elle suppliait le chien épuisé.
Сльози наповнили її очі, коли вона благала виснаженого собаку.

« Pauvres chéris », dit-elle, « pourquoi ne tirez-vous pas plus fort ? »
«Бідолашні ви, любі», — сказала вона, — «чому б вам просто не потягнути сильніше?»

« Si tu tires, tu ne seras pas fouetté comme ça. »
«Якщо будеш тягнути, то тебе не будуть так шмагати».

Buck n'aimait pas Mercedes, mais il était trop fatigué pour lui résister maintenant.
Бак не любив Мерседес, але зараз він був надто втомлений, щоб чинити їй опір.

Il accepta ses larmes comme une simple partie de cette journée misérable.
Він сприйняв її сльози як ще одну частину цього жалюгідного дня.

L'un des hommes qui regardaient a finalement parlé après avoir retenu sa colère.
Один із чоловіків, що спостерігали, нарешті заговорив, стримавши гнів.

« Je me fiche de ce qui vous arrive, mais ces chiens comptent. »

«Мені байдуже, що з вами станеться, але ці собаки мають значення».

« Si vous voulez aider, détachez ce traîneau, il est gelé dans la neige. »

«Якщо хочеш допомогти, відчепи ці сани — вони примерзли до снігу».

« Appuyez fort sur la perche, à droite et à gauche, et brisez le sceau de glace. »

«Сильніше натискай на вудку, праворуч і ліворуч, і розіб'єш крижану плівку».

Une troisième tentative a été faite, cette fois-ci suite à la suggestion de l'homme.

Було зроблено третю спробу, цього разу за порадою чоловіка.

Hal a balancé le traîneau d'un côté à l'autre, libérant les patins.

Гел розгойдував сани з боку в бік, розстібаючи полозки.

Le traîneau, bien que surchargé et maladroit, a finalement fait un bond en avant.

Сани, хоч і перевантажені та незграбні, нарешті рвонули вперед.

Buck et les autres tiraient sauvagement, poussés par une tempête de coups de fouet.

Бак та інші шалено тягнули, підганяні шквалом ударів батогом.

Une centaine de mètres plus loin, le sentier courbait et descendait en pente dans la rue.

За сто ярдів попереду стежка вигиналася і спускалася на вулицю.

Il aurait fallu un conducteur expérimenté pour maintenir le traîneau droit.

Знадобився б досвідчений водій, щоб утримувати сани у вертикальному положенні.

Hal n'était pas habile et le traîneau a basculé en tournant dans le virage.

Гел не був вправним, і сани перекинулися, коли вони різко повернули на повороті.
Les sangles lâches ont cédé et la moitié de la charge s'est répandue sur la neige.
Розхитані мотузки обірвалися, і половина вантажу висипалася на сніг.
Les chiens ne s'arrêtèrent pas ; le traîneau le plus léger volait sur le côté.
Собаки не зупинялися; легші сани летіли набік.
En colère à cause des mauvais traitements et du lourd fardeau, les chiens couraient plus vite.
Розлючені від знущань та важкого тягаря, собаки побігли швидше.
Buck, furieux, s'est mis à courir, suivi par l'équipe.
Бак, розлючений, побіг, а команда йшла позаду.
Hal a crié « Whoa ! Whoa ! » mais l'équipe ne lui a pas prêté attention.
Гел крикнув «Ого! Ого!», але команда не звернула на нього уваги.
Il a trébuché, est tombé et a été traîné au sol par le harnais.
Він спіткнувся, упав, і його потягло по землі за ремінь безпеки.
Le traîneau renversé l'a heurté tandis que les chiens couraient devant.
Перекинуті сани перекотилися через нього, поки собаки мчали попереду.
Le reste des fournitures est dispersé dans la rue animée de Skaguay.
Решта припасів розкидалася по жвавій вулиці Скагвея.
Des personnes au grand cœur se sont précipitées pour arrêter les chiens et rassembler le matériel.
Добросердечні люди кинулися зупиняти собак та збирати спорядження.
Ils ont également donné des conseils, directs et pratiques, aux nouveaux voyageurs.
Вони також давали новим мандрівникам поради, прямі та практичні.

« Si vous voulez atteindre Dawson, prenez la moitié du chargement et doublez les chiens. »

«Якщо хочеш дістатися до Доусона, візьми половину вантажу та вдвічі більше собак».

Hal, Charles et Mercedes écoutaient, mais sans enthousiasme.

Гел, Чарльз і Мерседес слухали, хоча й не з ентузіазмом.

Ils ont installé leur tente et ont commencé à trier leurs provisions.

Вони розбили намет і почали сортувати свої речі.

Des conserves sont sorties, ce qui a fait rire les spectateurs.

Звідти винесли консерви, що викликало у глядачів сміх.

« Des conserves sur le sentier ? Tu vas mourir de faim avant qu'elles ne fondent », a dit l'un d'eux.

«Консерви на стежці? Ти ж зголоднієш, перш ніж вони розтануть», — сказав один.

« Des couvertures d'hôtel ? Tu ferais mieux de toutes les jeter. »

«Готельні ковдри? Краще їх усі викинути».

« Laissez tomber la tente aussi, et personne ne fait la vaisselle ici. »

«Покиньте і намет, і тут ніхто не миє посуд».

« Tu crois que tu voyages dans un train Pullman avec des domestiques à bord ? »

«Ти думаєш, що їдеш у потязі Пульмана зі слугами на борту?»

Le processus a commencé : chaque objet inutile a été jeté de côté.

Процес почався — кожну непотрібну річ викинули вбік.

Mercedes a pleuré lorsque ses sacs ont été vidés sur le sol enneigé.

Мерседес заплакала, коли її валізи висипали на засніжену землю.

Elle sanglotait sur chaque objet jeté, un par un, sans pause.

Вона ридала над кожною викинутою річчю, одну за одною без паузи.

Elle jura de ne plus faire un pas de plus, même pas pendant dix Charles.
Вона поклялася не зробити більше ні кроку — навіть за десять Чарльзів.
Elle a supplié chaque personne à proximité de la laisser garder ses objets précieux.
Вона благала кожного, хто був поруч, дозволити їй залишити собі її дорогоцінні речі.
Finalement, elle s'essuya les yeux et commença à jeter même les vêtements essentiels.
Нарешті вона витерла очі й почала викидати навіть найнеобхідніший одяг.
Une fois les siennes terminées, elle commença à vider les provisions des hommes.
Закінчивши зі своїми, вона почала спорожняти чоловічі припаси.
Comme un tourbillon, elle a déchiré les affaires de Charles et Hal.
Як вихор, вона пронеслася крізь речі Чарльза та Гела.
Même si la charge était réduite de moitié, elle était encore bien plus lourde que nécessaire.
Хоча вантаж зменшили вдвічі, він все одно був набагато важчим, ніж потрібно.
Cette nuit-là, Charles et Hal sont sortis et ont acheté six nouveaux chiens.
Тієї ночі Чарльз і Гел пішли і купили шістьох нових собак.
Ces nouveaux chiens ont rejoint les six originaux, plus Teek et Koona.
Ці нові собаки приєдналися до початкової шістьох, а також до Тіка та Куни.
Ensemble, ils formaient une équipe de quatorze chiens attelés au traîneau.
Разом вони утворили упряжку з чотирнадцяти собак, запряжених у сани.
Mais les nouveaux chiens n'étaient pas aptes et mal entraînés au travail en traîneau.

Але нові собаки були непридатними та погано навченими для роботи на санях.

Trois des chiens étaient des pointeurs à poil court et un était un Terre-Neuve.

Троє собак були короткошерстими пойнтерами, а один був ньюфаундлендом.

Les deux derniers chiens étaient des bâtards sans race ni objectif clairement définis.

Останні два собаки були дворнягами без чіткої породи чи призначення.

Ils n'ont pas compris le sentier et ne l'ont pas appris rapidement.

Вони не розуміли стежки і не швидко її вивчили.

Buck et ses compagnons les regardaient avec mépris et une profonde irritation.

Бак та його товариші спостерігали за ними з презирством та глибоким роздратуванням.

Bien que Buck leur ait appris ce qu'il ne fallait pas faire, il ne pouvait pas leur enseigner le devoir.

Хоча Бак і навчив їх, чого не слід робити, він не міг навчити їх обов'язку.

Ils n'ont pas bien supporté la vie sur les sentiers ni la traction des rênes et des traîneaux.

Вони погано переносили їзду по тягарях та тягу віжок і саней.

Seuls les bâtards essayaient de s'adapter, et même eux manquaient d'esprit combatif.

Тільки дворняги намагалися адаптуватися, та й їм бракувало бойового духу.

Les autres chiens étaient confus, affaiblis et brisés par leur nouvelle vie.

Інші собаки були розгублені, ослаблені та зламані своїм новим життям.

Les nouveaux chiens étant désemparés et les anciens épuisés, l'espoir était mince.

З огляду на те, що нові собаки нічого не знали, а старі були виснажені, надія була ледь помітною.

L'équipe de Buck avait parcouru deux mille cinq cents kilomètres de sentiers difficiles.

Команда Бака подолала дві з половиною тисячі миль суворою стежкою.

Pourtant, les deux hommes étaient joyeux et fiers de leur grande équipe de chiens.

Тим не менш, двоє чоловіків були веселими та пишалися своєю великою собачою упряжкою.

Ils pensaient voyager avec style, avec quatorze chiens attelés.

Вони думали, що подорожують стильно, з чотирнадцятьма в'язаними собаками.

Ils avaient vu des traîneaux partir pour Dawson, et d'autres en arriver.

Вони бачили, як сани вирушають до Доусона, а інші прибувають звідти.

Mais ils n'en avaient jamais vu un tiré par quatorze chiens.

Але вони ніколи не бачили, щоб його тягнули аж чотирнадцять собак.

Il y avait une raison pour laquelle de telles équipes étaient rares dans la nature sauvage de l'Arctique.

Була причина, чому такі команди були рідкістю в арктичній дикій природі.

Aucun traîneau ne pouvait transporter suffisamment de nourriture pour nourrir quatorze chiens pendant le voyage.

Жодні сани не могли б перевезти достатньо їжі, щоб прогодувати чотирнадцять собак протягом усієї подорожі.

Mais Charles et Hal ne le savaient pas : ils avaient fait le calcul.

Але Чарльз і Гел цього не знали — вони самі все підрахували.

Ils ont planifié la nourriture : tant par chien, tant de jours, et c'est fait.

Вони розписали корм: стільки на собаку, стільки днів, готовий.

Mercedes regarda leurs chiffres et hocha la tête comme si cela avait du sens.

Мерседес подивилася на їхні цифри та кивнула, ніби це мало сенс.
Tout cela lui semblait très simple, du moins sur le papier.
Все здавалося їй дуже простим, принаймні на папері.

Le lendemain matin, Buck conduisit lentement l'équipe dans la rue enneigée.
Наступного ранку Бак повільно повів команду засніженою вулицею.
Il n'y avait aucune énergie ni aucun esprit en lui ou chez les chiens derrière lui.
Ні в ньому, ні в собак позаду нього не було ні енергії, ні духу.
Ils étaient épuisés dès le départ, il n'y avait plus de réserve.
Вони були смертельно втомлені з самого початку — резерву не залишалося.
Buck avait déjà effectué quatre voyages entre Salt Water et Dawson.
Бак уже здійснив чотири поїздки між Солт-Вотер та Доусоном.
Maintenant, confronté à nouveau à la même épreuve, il ne ressentait que de l'amertume.
Тепер, знову зіткнувшись із тим самим шляхом, він не відчував нічого, крім гіркоти.
Son cœur n'y était pas, ni celui des autres chiens.
Він не був у цьому відданий, як і інші собаки.
Les nouveaux chiens étaient timides et les huskies manquaient totalement de confiance.
Нові собаки були боязкими, а хаскі не викликали жодної довіри.
Buck sentait qu'il ne pouvait pas compter sur ces deux hommes ou sur leur sœur.
Бак відчував, що не може покластися ні на цих двох чоловіків, ні на їхню сестру.
Ils ne savaient rien et ne montraient aucun signe d'apprentissage sur le sentier.

Вони нічого не знали і не виявляли жодних ознак навчання на стежці.
Ils étaient désorganisés et manquaient de tout sens de la discipline.
Вони були неорганізовані та не мали жодної дисципліни.
Il leur fallait à chaque fois la moitié de la nuit pour monter un campement bâclé.
Щоразу їм знадобилося півночі, щоб розбити недбалий табір.
Et ils passèrent la moitié de la matinée suivante à tâtonner à nouveau avec le traîneau.
І пів наступного ранку вони знову возилися з санками.
À midi, ils s'arrêtaient souvent juste pour réparer la charge inégale.
До полудня вони часто зупинялися лише для того, щоб виправити нерівномірне навантаження.
Certains jours, ils parcouraient moins de dix milles au total.
У деякі дні вони проїжджали загалом менше десяти миль.
D'autres jours, ils ne parvenaient pas du tout à quitter le camp.
Іншими днями їм взагалі не вдавалося покинути табір.
Ils n'ont jamais réussi à couvrir la distance alimentaire prévue.
Вони так і не наблизилися до подолання запланованої дистанції для перевезення їжі.
Comme prévu, ils ont très vite manqué de nourriture pour les chiens.
Як і очікувалося, у них дуже швидко закінчилася їжа для собак.
Ils ont aggravé la situation en les suralimentant au début.
Вони погіршили ситуацію, перегодовуючи на початку.
À chaque ration négligée, la famine se rapprochait.
Це наближало голод з кожною недбалою пайкою.
Les nouveaux chiens n'avaient pas appris à survivre avec très peu.
Нові собаки не навчилися виживати в мізерних запасах.

Ils mangeaient avec faim, avec un appétit trop grand pour le sentier.
Вони їли голодно, адже апетит був занадто великий для такої стежки.
Voyant les chiens s'affaiblir, Hal pensait que la nourriture n'était pas suffisante.
Бачачи, як собаки слабшають, Гел подумав, що їжі недостатньо.
Il a doublé les rations, rendant l'erreur encore pire.
Він подвоїв пайки, зробивши помилку ще гіршою.
Mercedes a aggravé le problème avec ses larmes et ses douces supplications.
Мерседес посилила проблему сльозами та тихими благаннями.
Comme elle n'arrivait pas à convaincre Hal, elle nourrissait les chiens en secret.
Коли їй не вдалося переконати Гела, вона таємно погодувала собак.
Elle a volé des sacs de poissons et les leur a donnés dans son dos.
Вона крала з мішків з рибою та віддавала їм за його спиною.
Mais ce dont les chiens avaient réellement besoin, ce n'était pas de plus de nourriture, mais de repos.
Але собакам насправді була потрібна не їжа, а відпочинок.
Ils progressaient mal, mais le lourd traîneau continuait à avancer.
Вони йшли погано, але важкі сани все ще тягнулися вперед.
Ce poids à lui seul épuisait chaque jour leurs forces restantes.
Сама ця вага щодня висмоктувала з них залишки сил.
Puis vint l'étape de la sous-alimentation, les réserves s'épuisant.
Потім настав етап недогодовування, оскільки запаси закінчувалися.

Un matin, Hal s'est rendu compte que la moitié de la nourriture pour chien avait déjà disparu.

Одного ранку Гел зрозумів, що половина корму для собак вже зникла.

Ils n'avaient parcouru qu'un quart de la distance totale du sentier.

Вони подолали лише чверть загальної відстані маршруту.

On ne pouvait plus acheter de nourriture, quel que soit le prix proposé.

Більше їжі не можна було купити, незалежно від того, яку ціну пропонували.

Il a réduit les portions des chiens en dessous de la ration quotidienne standard.

Він зменшив порції собак до рівня нижче стандартного добового раціону.

Dans le même temps, il a exigé des voyages plus longs pour compenser la perte.

Водночас він вимагав довших поїздок, щоб компенсувати втрати.

Mercedes et Charles ont soutenu ce plan, mais ont échoué dans son exécution.

Мерседес і Шарль підтримали цей план, але не змогли його виконати.

Leur lourd traîneau et leur manque de compétences rendaient la progression presque impossible.

Їхні важкі сани та брак вправності робили просування майже неможливим.

Il était facile de donner moins de nourriture, mais impossible de forcer plus d'efforts.

Було легко давати менше їжі, але неможливо змусити до більших зусиль.

Ils ne pouvaient pas commencer plus tôt, ni voyager pendant des heures supplémentaires.

Вони не могли починати рано, а також не могли подорожувати понаднормово.

Ils ne savaient pas comment travailler les chiens, ni eux-mêmes d'ailleurs.

Вони не знали, як працювати з собаками, та й самі, зрештою, не знали.

Le premier chien à mourir était Dub, le voleur malchanceux mais travailleur.

Першим собакою, який помер, був Даб, нещасливий, але працьовитий злодій.

Bien que souvent puni, Dub avait fait sa part sans se plaindre.

Хоча Даба часто карали, він без нарікань виконував свою роботу.

Son épaule blessée s'est aggravée sans qu'il soit nécessaire de prendre soin de lui et de se reposer.

Його травмоване плече погіршувалося без догляду та потреби в відпочинку.

Finalement, Hal a utilisé le revolver pour mettre fin aux souffrances de Dub.

Зрештою, Гел використав револьвер, щоб покласти край стражданням Даба.

Un dicton courant dit que les chiens normaux meurent à cause des rations de husky.

Поширене прислів'я стверджувало, що звичайні собаки гинуть від пайків хаскі.

Les six nouveaux compagnons de Buck n'avaient que la moitié de la part de nourriture du husky.

Шість нових компаньйонів Бака мали лише половину порції їжі, яку давала хаскі.

Le Terre-Neuve est mort en premier, puis les trois braques à poil court.

Спочатку помер ньюфаундленд, потім три короткошерсті пойнтери.

Les deux bâtards résistèrent plus longtemps mais finirent par périr comme les autres.

Дві дворняги протрималися довше, але зрештою загинули, як і решта.

À cette époque, toutes les commodités et la douceur du Southland avaient disparu.

На цей час усі зручності та ніжність Півдня вже зникли.

Les trois personnes avaient perdu les dernières traces de leur éducation civilisée.

Ці троє людей позбулися останніх слідів свого цивілізованого виховання.

Dépouillé de glamour et de romantisme, le voyage dans l'Arctique est devenu brutalement réel.

Позбавлені гламуру та романтики, арктичні подорожі стали жорстоко реальними.

C'était une réalité trop dure pour leur sens de la virilité et de la féminité.

Це була надто сувора реальність для їхнього почуття мужності та жіночності.

Mercedes ne pleurait plus pour les chiens, mais maintenant elle pleurait seulement pour elle-même.

Мерседес більше не плакала за собаками, а тепер плакала лише за себе.

Elle passait son temps à pleurer et à se disputer avec Hal et Charles.

Вона проводила час, плакала та сварилася з Гелом та Чарльзом.

Se disputer était la seule chose qu'ils n'étaient jamais trop fatigués de faire.

Сварки були єдиною справою, якою вони ніколи не втомлювалися.

Leur irritabilité provenait de la misère, grandissait avec elle et la surpassait.

Їхня дратівливість виходила з страждань, зростала разом з ними і перевершувала їх.

La patience du sentier, connue de ceux qui peinent et souffrent avec bienveillance, n'est jamais venue.

Терпіння шляху, відоме тим, хто трудиться і страждає добросердечно, так і не прийшло.

Cette patience, qui garde la parole douce malgré la douleur, leur était inconnue.

Те терпіння, яке зберігає мову солодкою крізь біль, було їм невідоме.

Ils n'avaient aucune trace de patience, aucune force tirée de la souffrance avec grâce.

У них не було ні натяку на терпіння, ні сили, почерпнутої зі страждань з благодаттю.

Ils étaient raides de douleur : leurs muscles, leurs os et leur cœur étaient douloureux.

Вони були заціпенілі від болю — ломили м'язи, кістки та серце.

À cause de cela, ils devinrent acerbes et prompts à prononcer des paroles dures.

Через це вони стали гострими на язик і швидкими на грубі слова.

Chaque jour commençait et se terminait par des voix en colère et des plaintes amères.

Кожен день починався і закінчувався гнівними голосами та гіркими скаргами.

Charles et Hal se disputaient chaque fois que Mercedes leur en donnait l'occasion.

Чарльз і Гел сварилися щоразу, коли Мерседес давала їм шанс.

Chaque homme estimait avoir fait plus que sa juste part du travail.

Кожен чоловік вважав, що зробив більше, ніж йому належало.

Aucun des deux n'a jamais manqué une occasion de le dire, encore et encore.

Жоден з них ніколи не втрачав можливості сказати це знову і знову.

Parfois, Mercedes se rangeait du côté de Charles, parfois du côté de Hal.

Іноді Мерседес була на боці Чарльза, іноді на боці Гела.

Cela a conduit à une grande et interminable querelle entre les trois.

Це призвело до великої та нескінченної сварки між ними трьома.

Une dispute sur la question de savoir qui devait couper le bois de chauffage est devenue incontrôlable.

Суперечка щодо того, хто має рубати дрова, вийшла з-під контролю.

Bientôt, les pères, les mères, les cousins et les parents décédés ont été nommés.

Невдовзі були названі імена батьків, матерів, двоюрідних братів і сестер та померлих родичів.

Les opinions de Hal sur l'art ou les pièces de son oncle sont devenues partie intégrante du combat.

Погляди Гела на мистецтво чи п'єси його дядька стали частиною боротьби.

Les convictions politiques de Charles sont également entrées dans le débat.

Політичні переконання Чарльза також були обговорені.

Pour Mercedes, même les ragots de la sœur de son mari semblaient pertinents.

Для Мерседес навіть плітки сестри її чоловіка здавалися актуальними.

Elle a exprimé son opinion sur ce sujet et sur de nombreux défauts de la famille de Charles.

Вона висловила свої думки з цього приводу та з приводу багатьох недоліків родини Чарльза.

Pendant qu'ils se disputaient, le feu restait éteint et le camp à moitié monté.

Поки вони сперечалися, багаття залишалося нерозпаленим, а табір наполовину згорів.

Pendant ce temps, les chiens restaient froids et sans nourriture.

Тим часом собаки залишалися холодними та без їжі.

Mercedes avait un grief qu'elle considérait comme profondément personnel.

Мерседес мала образу, яку вважала глибоко особистою.

Elle se sentait maltraitée en tant que femme, privée de ses doux privilèges.

Вона відчувала себе жорстоко повودженою як жінка, позбавленою своїх привілеїв у благородній статтю.

Elle était jolie et douce, et habituée à la chevalerie toute sa vie.

Вона була гарненькою та ніжною, і все своє життя звикла до лицарства.
Mais son mari et son frère la traitaient désormais avec impatience.
Але її чоловік і брат тепер ставилися до неї з нетерпінням.
Elle avait pour habitude d'agir comme si elle était impuissante, et ils commencèrent à se plaindre.
Вона звикла поводитися безпорадно, і вони почали скаржитися.
Offensée par cela, elle leur rendit la vie encore plus difficile.
Ображена цим, вона ще більше ускладнила їм життя.
Elle a ignoré les chiens et a insisté pour conduire elle-même le traîneau.
Вона ігнорувала собак і наполягала на тому, щоб сама покататися на санях.
Bien que légère en apparence, elle pesait cent vingt livres.
Хоча на вигляд вона була легка, важила вона сто двадцять фунтів.
Ce fardeau supplémentaire était trop lourd pour les chiens affamés et faibles.
Цей додатковий тягар був занадто важким для голодних, слабких собак.
Elle a continué à monter pendant des jours, jusqu'à ce que les chiens s'effondrent sous les rênes.
І все ж вона їхала кілька днів, аж поки собаки не підкосилися під поводи.
Le traîneau s'arrêta et Charles et Hal la supplièrent de marcher.
Сани зупинилися, а Чарльз і Гел благали її йти пішки.
Ils la supplièrent et la supplièrent, mais elle pleura et les traita de cruels.
Вони благали й благали, але вона плакала та називала їх жорстокими.
À une occasion, ils l'ont tirée du traîneau avec force et colère.
Одного разу вони з силою та гнівом стягнули її з саней.
Ils n'ont plus jamais essayé après ce qui s'est passé cette fois-là.

Вони більше ніколи не пробували після того, що сталося тоді.
Elle devint molle comme un enfant gâté et s'assit dans la neige.
Вона обм'якла, як розпещена дитина, і сіла на сніг.
Ils continuèrent leur chemin, mais elle refusa de se lever ou de les suivre.
Вони рушили далі, але вона відмовилася вставати чи йти за ними.
Après trois milles, ils s'arrêtèrent, revinrent et la ramenèrent.
Через три милі вони зупинилися, повернулися і понесли її назад.
Ils l'ont rechargée sur le traîneau, en utilisant encore une fois la force brute.
Вони знову завантажили її на сани, знову використовуючи грубу силу.
Dans leur profonde misère, ils étaient insensibles à la souffrance des chiens.
У своєму глибокому стражданні вони були байдужі до страждань собак.
Hal croyait qu'il fallait s'endurcir et il a imposé cette croyance aux autres.
Гел вважав, що треба загартуватися, і нав'язував цю віру іншим.
Il a d'abord essayé de prêcher sa philosophie à sa sœur
Спочатку він спробував проповідувати свою філософію сестрі
et puis, sans succès, il prêcha à son beau-frère.
а потім, безуспішно, він проповідував своєму зятю.
Il a eu plus de succès avec les chiens, mais seulement parce qu'il leur a fait du mal.
Він мав більше успіху з собаками, але лише тому, що завдавав їм болю.
Chez Five Fingers, la nourriture pour chiens est complètement épuisée.
У «П'яти Пальцях» корм для собак повністю закінчився.

Une vieille squaw édentée a vendu quelques kilos de peau de cheval congelée
Беззуба стара індіанка продала кілька фунтів замороженої кінської шкіри
Hal a échangé son revolver contre la peau de cheval séchée.
Гел обміняв свій револьвер на висушену кінську шкуру.
La viande provenait de chevaux affamés d'éleveurs de bétail des mois auparavant.
М'ясо було отримано від зголоднілих коней скотарів кілька місяців тому.
Gelée, la peau était comme du fer galvanisé ; dure et immangeable.
Замерзла шкіра була схожа на оцинковане залізо; жорстка та неїстівна.
Les chiens devaient mâcher la peau sans fin pour la manger.
Собакам доводилося нескінченно гризти шкуру, щоб з'їсти її.
Mais les cordes en cuir et les cheveux courts n'étaient guère une nourriture.
Але шкірясті пасма та коротке волосся навряд чи можна було назвати їжею.
La majeure partie de la peau était irritante et ne constituait pas véritablement de la nourriture.
Більша частина шкури була дратівливою і не була їжею в справжньому сенсі.
Et pendant tout ce temps, Buck titubait en tête, comme dans un cauchemar.
І крізь усе це Бак хитався попереду, немов у кошмарі.
Il tirait quand il le pouvait ; quand il ne le pouvait pas, il restait allongé jusqu'à ce qu'un fouet ou un gourdin le relève.
Він тягнув, коли міг; коли ні, лежав, поки батіг чи палиця не піднімали його.
Son pelage fin et brillant avait perdu toute sa rigidité et son éclat d'autrefois.
Його чудова, блискуча шерсть втратила всю колишню жорсткість і блиск.

Ses cheveux pendaient, mous, en bataille et coagulés par le sang séché des coups.
Його волосся висіло скуйовджене, скуйовджене та згорнуте від засохлої крові від ударів.
Ses muscles se sont réduits à l'état de cordes et ses coussinets de chair étaient tous usés.
Його м'язи стиснулися, перетворюючись на тяжі, а шкіра стерлася.
Chaque côte, chaque os apparaissait clairement à travers les plis de la peau ridée.
Кожне ребро, кожна кістка чітко проглядали крізь складки зморшкуватої шкіри.
C'était déchirant, mais le cœur de Buck ne pouvait pas se briser.
Це було роздираюче, але серце Бака не могло розбитися.
L'homme au pull rouge avait testé cela et l'avait prouvé il y a longtemps.
Чоловік у червоному светрі давно це перевірив і довів.
Comme ce fut le cas pour Buck, ce fut le cas pour tous ses coéquipiers restants.
Як і з Баком, так само було і з усіма його рештою товаришів по команді.
Il y en avait sept au total, chacun étant un squelette ambulant de misère.
Їх було семеро, кожен з яких був ходячим скелетом страждань.
Ils étaient devenus insensibles au fouet, ne ressentant qu'une douleur lointaine.
Вони заніміли від ударів батогом, відчуваючи лише віддалений біль.
Même la vue et le son leur parvenaient faiblement, comme à travers un épais brouillard.
Навіть зір і звук доносилися до них ледь чутно, ніби крізь густий туман.
Ils n'étaient pas à moitié vivants : c'étaient des os avec de faibles étincelles à l'intérieur.

Вони не були наполовину живими — це були кістки з тьмяними іскрами всередині.

Lorsqu'ils s'arrêtèrent, ils s'effondrèrent comme des cadavres, leurs étincelles presque éteintes.

Коли їх зупинили, вони розвалилися, як трупи, їхні іскри майже згасли.

Et lorsque le fouet ou le gourdin frappaient à nouveau, les étincelles voltigeaient faiblement.

А коли батіг чи палиця вдаряли знову, іскри слабо тріпотіли.

Puis ils se levèrent, titubèrent en avant et traînèrent leurs membres en avant.

Потім вони підвелися, похитуючись посунулися вперед і потягнули вперед свої кінцівки.

Un jour, le gentil Billee tomba et ne put plus se relever du tout.

Одного разу добра Біллі впала і вже зовсім не змогла підвестися.

Hal avait échangé son revolver, alors il a utilisé une hache pour tuer Billee à la place.

Гел обміняв свій револьвер, тому замість цього вбив Біллі сокирою.

Il le frappa à la tête, puis lui coupa le corps et le traîna.

Він ударив його по голові, потім розрубав його тіло та відтягнув його геть.

Buck vit cela, et les autres aussi ; ils savaient que la mort était proche.

Бак побачив це, як і інші; вони знали, що смерть близько.

Le lendemain, Koona partit, ne laissant que cinq chiens dans l'équipe affamée.

Наступного дня Куна пішов, залишивши лише п'ятьох собак у голодній упряжці.

Joe, qui n'était plus méchant, était trop loin pour se rendre compte de quoi que ce soit.

Джо, вже не злий, був надто злий, щоб взагалі щось усвідомлювати.

Pike, ne faisant plus semblant d'être blessé, était à peine conscient.

Пайк, більше не вдаючи своєї травми, був ледве притомний.

Solleks, toujours fidèle, se lamentait de ne plus avoir de force à donner.

Соллекс, все ще вірний, сумував, що не мав сили віддати.

Teek a été le plus battu parce qu'il était plus frais, mais qu'il s'estompait rapidement.

Тіка найбільше побили, бо він був свіжішим, але швидко втрачав свою силу.

Et Buck, toujours en tête, ne maintenait plus l'ordre ni ne le faisait respecter.

А Бак, все ще лідируючи, більше не підтримував порядок і не забезпечував його дотримання.

À moitié aveugle à cause de sa faiblesse, Buck suivit la piste au toucher seul.

Напівсліпий від слабкості, Бек йшов слідом, керуючись лише навмання.

C'était un beau temps printanier, mais aucun d'entre eux ne l'a remarqué.

Була чудова весняна погода, але ніхто з них цього не помітив.

Chaque jour, le soleil se levait plus tôt et se couchait plus tard qu'avant.

Щодня сонце сходило раніше і сідало пізніше, ніж раніше.

À trois heures du matin, l'aube était arrivée ; le crépuscule durait jusqu'à neuf heures.

О третій годині ранку настав світанок; сутінки тривали до дев'ятої.

Les longues journées étaient remplies du plein soleil printanier.

Довгі дні були наповнені яскравим весняним сонцем.

Le silence fantomatique de l'hiver s'était transformé en un murmure chaleureux.

Примарна тиша зими змінилася теплим шепотом.

Toute la terre s'éveillait, animée par la joie des êtres vivants.

Вся земля прокидалася, ожила радістю живих істот.
Le bruit provenait de ce qui était resté mort et immobile pendant l'hiver.
Звук долинав з того, що лежало мертвим і нерухомим протягом зими.
Maintenant, ces choses bougeaient à nouveau, secouant le long sommeil de gel.
Тепер ці істоти знову заворушилися, струшуючи з себе довгий морозний сон.
La sève montait à travers les troncs sombres des pins en attente.
Сік піднімався крізь темні стовбури сосен, що чекали.
Les saules et les trembles font apparaître de jeunes bourgeons brillants sur chaque brindille.
Верби та осики пускають яскраві молоді бруньки на кожній гілочці.
Les arbustes et les vignes se parent d'un vert frais tandis que les bois prennent vie.
Чагарники та ліани зазеленіли, коли ліс ожив.
Les grillons chantaient la nuit et les insectes rampaient au soleil.
Вночі цвірінькали цвіркуни, а на денному сонці повзали комахи.
Les perdrix résonnaient et les pics frappaient profondément dans les arbres.
Куріпки гуділи, а дятли стукали глибоко в деревах.
Les écureuils bavardaient, les oiseaux chantaient et les oies klaxonnaient au-dessus des chiens.
Білки цурічали, птахи співали, а гуси гавкали над собаками.
Les oiseaux sauvages arrivaient en groupes serrés, volant vers le haut depuis le sud.
Дикі птахи злітали гострими зграями з півдня.
De chaque colline venait la musique des ruisseaux cachés et impétueux.
З кожного схилу пагорба долинала музика прихованих, гуркотливих струмків.

Toutes choses ont dégelé et se sont brisées, se sont pliées et ont repris leur mouvement.
Все розтануло, клацнуло, зігнулося та знову вибухнуло рухом.
Le Yukon s'efforçait de briser les chaînes de froid de la glace gelée.
Юкон напружувався, щоб розірвати холодні ланцюги замерзлого льоду.
La glace fondait en dessous, tandis que le soleil la faisait fondre par le dessus.
Лід танув знизу, а сонце розтоплювало його зверху.
Des trous d'aération se sont ouverts, des fissures se sont propagées et des morceaux sont tombés dans la rivière.
Відкрилися вентиляційні отвори, поширилися тріщини, і шматки падали в річку.
Au milieu de toute cette vie débordante et flamboyante, les voyageurs titubaient.
Серед усього цього вируючого та палкого життя мандрівники хиталися.
Deux hommes, une femme et une meute de huskies marchaient comme des morts.
Двоє чоловіків, жінка та зграя хаскі йшли, як мертві.
Les chiens tombaient, Mercedes pleurait, mais continuait à conduire le traîneau.
Собаки падали, Мерседес плакала, але все ще їхала на санях.
Hal jura faiblement et Charles cligna des yeux à travers ses yeux larmoyants.
Гел слабо вилаявся, а Чарльз кліпнув сльозячими очима.
Ils tombèrent sur le camp de John Thornton à l'embouchure de la rivière White.
Вони натрапили на табір Джона Торнтона біля гирла річки Вайт-Рівер.
Lorsqu'ils s'arrêtèrent, les chiens s'effondrèrent, comme s'ils étaient tous morts.
Коли вони зупинилися, собаки впали ниць, ніби всі загинули.

Mercedes essuya ses larmes et regarda John Thornton.
Мерседес витерла сльози й подивилася на Джона Торнтона.

Charles s'assit sur une bûche, lentement et raidement, souffrant du sentier.
Чарльз сидів на колоді, повільно та напружено, відчуваючи біль від стежки.

Hal parlait pendant que Thornton sculptait l'extrémité d'un manche de hache.
Гел говорив, поки Торнтон вирізав кінець ручки сокири.

Il taillait du bois de bouleau et répondait par des réponses brèves et fermes.
Він стругав березові дрова та відповідав короткими, твердими словами.

Lorsqu'on lui a demandé son avis, il a donné des conseils, certain qu'ils ne seraient pas suivis.
Коли його запитали, він дав пораду, будучи певним, що її не виконають.

Hal a expliqué : « Ils nous ont dit que la glace du sentier disparaissait. »
Гел пояснив: «Вони сказали нам, що лід на стежці тане».

« Ils ont dit que nous devions rester sur place, mais nous sommes arrivés à White River. »
«Вони сказали, що нам слід залишатися на місці, але ми дісталися до Вайт-Рівер».

Il a terminé sur un ton moqueur, comme pour crier victoire dans les difficultés.
Він закінчив глузливим тоном, ніби проголошуючи перемогу у скрутному становищі.

« Et ils t'ont dit la vérité », répondit doucement John Thornton à Hal.
— І вони сказали тобі правду, — тихо відповів Джон Торнтон Гелу.

« La glace peut céder à tout moment, elle est prête à tomber. »
«Лід може будь-якої миті розвалитися — він готовий відвалитися».

« Seuls un peu de chance et des imbéciles ont pu arriver jusqu'ici en vie. »

«Тільки сліпа удача та дурні могли дожити так далеко живими».

« Je vous le dis franchement, je ne risquerais pas ma vie pour tout l'or de l'Alaska. »

«Кажу вам прямо, я б не ризикнув своїм життям за все золото Аляски».

« C'est parce que tu n'es pas un imbécile, je suppose », répondit Hal.

«Мабуть, це тому, що ти не дурень», – відповів Гел.

« Tout de même, nous irons à Dawson. » Il déroula son fouet.

«Усе одно, ми поїдемо до Доусона». Він розгорнув батіг.

« Monte là-haut, Buck ! Salut ! Debout ! Vas-y ! » cria-t-il durement.

«Лезь нагору, Баку! Гей! Вставай! Давай!» — різко крикнув він.

Thornton continuait à tailler, sachant que les imbéciles n'entendraient pas la raison.

Торнтон продовжував різьбити, знаючи, що дурні не почують розумних доводів.

Arrêter un imbécile était futile, et deux ou trois imbéciles ne changeaient rien.

Зупиняти дурня було марно, а двоє чи троє обдурених нічого не змінили.

Mais l'équipe n'a pas bougé au son de l'ordre de Hal.

Але команда не ворухнулася на звук команди Гела.

Désormais, seuls les coups pouvaient les faire se relever et avancer.

Тепер лише удари могли змусити їх піднятися та рушити вперед.

Le fouet claquait encore et encore sur les chiens affaiblis.

Батіг знову і знову клацав по ослаблених собаках.

John Thornton serra fermement ses lèvres et regarda en silence.

Джон Торнтон міцно стиснув губи і мовчки спостерігав.

Solleks fut le premier à se relever sous le fouet.
Соллекс першим підвівся на ноги під батогом.
Puis Teek le suivit, tremblant. Joe poussa un cri en se relevant.
Потім Тік пішов, тремтячи. Джо скрикнув, спіткнувшись і піднявшись.
Pike a essayé de se relever, a échoué deux fois, puis est finalement resté debout, chancelant.
Пайк спробував підвестися, двічі невдало, а потім нарешті невпевнено стояв.
Mais Buck resta là où il était tombé, sans bouger du tout cette fois.
Але Бак лежав там, де впав, цього разу зовсім не рухаючись.
Le fouet le frappait à plusieurs reprises, mais il ne faisait aucun bruit.
Батіг шмагав його знову і знову, але він не видав жодного звуку.
Il n'a pas bronché ni résisté, il est simplement resté immobile et silencieux.
Він не здригнувся і не чинив опору, просто залишався нерухомим і тихим.
Thornton remua plus d'une fois, comme pour parler, mais ne le fit pas.
Торнтон кілька разів ворухнувся, ніби хотів щось сказати, але промовчав.
Ses yeux s'humidifièrent, et le fouet continuait à claquer contre Buck.
Його очі намокли, а батіг все ще клацав по Баку.
Finalement, Thornton commença à marcher lentement, ne sachant pas quoi faire.
Нарешті Торнтон почав повільно ходити туди-сюди, не знаючи, що робити.
C'était la première fois que Buck échouait, et Hal devint furieux.
Це був перший раз, коли Бак зазнав невдачі, і Гел розлютився.

Il a jeté le fouet et a pris la lourde massue à la place.
Він кинув батіг і замість нього підняв важку палицю.
Le club en bois s'abattit violemment, mais Buck ne se releva toujours pas pour bouger.
Дерев'яна палиця сильно вдарила, але Бак все ще не підвівся, щоб поворухнутися.
Comme ses coéquipiers, il était trop faible, mais plus que cela.
Як і його товариші по команді, він був надто слабким, але більше того.
Buck avait décidé de ne pas bouger, quoi qu'il arrive.
Бак вирішив не рухатися, що б не сталося далі.
Il sentait quelque chose de sombre et de certain planer juste devant lui.
Він відчув щось темне й певне, що маячило прямо попереду.
Cette peur l'avait saisi dès qu'il avait atteint la rive du fleuve.
Цей жах охопив його, щойно він дістався берега річки.
Cette sensation ne l'avait pas quitté depuis qu'il sentait la glace s'amincir sous ses pattes.
Це відчуття не покидало його відтоді, як він відчув тонкий лід під лапами.
Quelque chose de terrible l'attendait – il le sentait juste au bout du sentier.
Щось жахливе чекало на нього — він відчував це вже десь унизу стежки.
Il n'allait pas marcher vers cette terrible chose devant lui.
Він не збирався йти назустріч тій жахливій істоті попереду.
Il n'allait pas obéir à un quelconque ordre qui le conduirait à cette chose.
Він не збирався виконувати жодного наказу, який би привів його туди.
La douleur des coups ne l'atteignait plus guère, il était trop loin.

Біль від ударів майже не торкався його — він був надто знесилений.

L'étincelle de vie vacillait faiblement, s'affaiblissant sous chaque coup cruel.

Іскра життя ледь мерехтіла, тьмяніла під кожним жорстоким ударом.

Ses membres semblaient lointains ; tout son corps semblait appartenir à un autre.

Його кінцівки здавалися далекими; все його тіло ніби належало комусь іншому.

Il ressentit un étrange engourdissement alors que la douleur disparaissait complètement.

Він відчув дивне оніміння, коли біль повністю зник.

De loin, il sentait qu'il était battu, mais il le savait à peine.

Здалеку він відчував, що його б'ють, але ледве усвідомлював це.

Il pouvait entendre les coups sourds faiblement, mais ils ne faisaient plus vraiment mal.

Він ледь чув глухі удари, але вони вже не завдавали йому справжнього болю.

Les coups ont porté, mais son corps ne semblait plus être le sien.

Удари сильні, але його тіло вже не здавалося його власним.

Puis, soudain, sans prévenir, John Thornton poussa un cri sauvage.

Раптом, без попередження, Джон Торнтон дико скрикнув.

C'était inarticulé, plus le cri d'une bête que celui d'un homme.

Це було нерозбірливо, радше крик звіра, ніж людини.

Il sauta sur l'homme avec la massue et renversa Hal en arrière.

Він стрибнув на чоловіка з кийком і відкинув Гела назад.

Hal vola comme s'il avait été frappé par un arbre, atterrissant durement sur le sol.

Гел полетів, ніби його вдарило дерево, і міцно приземлився на землю.

Mercedes a crié de panique et s'est agrippée au visage.
Мерседес голосно закричала в паніці та схопилася за обличчя.

Charles se contenta de regarder, s'essuya les yeux et resta assis.
Чарльз лише спостерігав, витираючи очі та залишаючись сидіти.

Son corps était trop raide à cause de la douleur pour se lever ou aider au combat.
Його тіло було надто заціпенілим від болю, щоб підвестися чи допомогти в боротьбі.

Thornton se tenait au-dessus de Buck, tremblant de fureur, incapable de parler.
Торнтон стояв над Баком, тремтячи від люті, не в змозі говорити.

Il tremblait de rage et luttait pour trouver sa voix à travers elle.
Він тремтів від люті й намагався крізь неї вимовити голос.

« Si tu frappes encore ce chien, je te tue », dit-il finalement.
«Якщо ти ще раз удариш цього собаку, я тебе вб'ю», — нарешті сказав він.

Hal essuya le sang de sa bouche et s'avança à nouveau.
Гел витер кров з рота і знову підійшов до нього.

« C'est mon chien », murmura-t-il. « Dégage, ou je te répare. »
«Це мій собака», — пробурмотів він. «Забирайся з дороги, бо я тебе виправлю».

« Je vais à Dawson, et vous ne m'en empêcherez pas », a-t-il ajouté.
«Я їду до Доусона, і ти мене не зупиниш», – додав він.

Thornton se tenait fermement entre Buck et le jeune homme en colère.
Торнтон міцно стояв між Баком і розгніваним юнаком.

Il n'avait aucune intention de s'écarter ou de laisser passer Hal.
Він не мав наміру відступати вбік чи пропускати Гела.

Hal sortit son couteau de chasse, long et dangereux à la main.
Гел витягнув свій мисливський ніж, довгий і небезпечний у руці.
Mercedes a crié, puis pleuré, puis ri dans une hystérie sauvage.
Мерседес кричала, потім плакала, а потім істерично сміялася.
Thornton frappa la main de Hal avec le manche de sa hache, fort et vite.
Торнтон сильно та швидко вдарив Гела по руці держаком сокири.
Le couteau s'est détaché de la main de Hal et a volé au sol.
Ніж випав з рук Гела та полетів на землю.
Hal essaya de ramasser le couteau, et Thornton frappa à nouveau ses jointures.
Гел спробував підняти ніж, і Торнтон знову постукав кісточками пальців.
Thornton se baissa alors, attrapa le couteau et le tint.
Тоді Торнтон нахилився, схопив ніж і тримав його.
D'un coup rapide de manche de hache, il coupa les rênes de Buck.
Двома швидкими ударами ручки сокири він перерізав Баковi віжки.
Hal n'avait plus aucune résistance et s'éloigna du chien.
Гел не мав жодних сил чинити опір і відступив від собаки.
De plus, Mercedes avait désormais besoin de ses deux bras pour se maintenir debout.
Крім того, Мерседес тепер потрібні були обидві руки, щоб триматися на ногах.
Buck était trop proche de la mort pour pouvoir à nouveau tirer un traîneau.
Бак був надто близький до смерті, щоб знову бути корисним для тяги санок.
Quelques minutes plus tard, ils se sont retirés et ont descendu la rivière.

Через кілька хвилин вони вирушили, прямуючи вниз по річці.
Buck leva faiblement la tête et les regarda quitter la banque.
Бак слабо підняв голову й спостерігав, як вони виходять з банку.
Pike a mené l'équipe, avec Solleks à l'arrière dans la roue.
Пайк очолив команду, а Соллекс був позаду на позиції кермового.
Joe et Teek marchaient entre eux, tous deux boitant d'épuisement.
Джо та Тік йшли між ними, обидва кульгаючи від виснаження.
Mercedes s'assit sur le traîneau et Hal saisit le long mât.
Мерседес сиділа на санях, а Гел міцно тримався за довгу жердину.
Charles trébuchait derrière, ses pas maladroits et incertains.
Шарль спіткнувся позаду, його кроки були незграбними та невпевненими.
Thornton s'agenouilla près de Buck et chercha doucement des os cassés.
Торнтон став навколішки біля Бака й обережно намацав переломи.
Ses mains étaient rudes mais bougeaient avec gentillesse et attention.
Його руки були шорсткі, але рухалися з добротою та турботою.
Le corps de Buck était meurtri mais ne présentait aucune blessure durable.
Тіло Бака було в синцях, але тривалих травм не було.
Ce qui restait, c'était une faim terrible et une faiblesse quasi totale.
Залишилися лише жахливий голод і майже повна слабкість.
Au moment où cela fut clair, le traîneau était déjà loin en aval.
Поки це прояснилося, сани вже далеко зайшли вниз за річкою.

L'homme et le chien regardaient le traîneau ramper lentement sur la glace fissurée.
Чоловік і собака спостерігали, як сани повільно повзуть по тріскаючому льоду.
Puis, ils virent le traîneau s'enfoncer dans un creux.
Потім вони побачили, як сани опускаються в улоговину.
Le mât s'est envolé, Hal s'y accrochant toujours en vain.
Вудка злетіла вгору, а Гел марно за неї чіплявся.
Le cri de Mercedes les atteignit à travers la distance froide.
Крик Мерседес долинув до них крізь холодну відстань.
Charles se retourna et recula, mais il était trop tard.
Чарльз обернувся і відступив назад, але було вже надто пізно.
Une calotte glaciaire entière a cédé et ils sont tous tombés à travers.
Цілий льодовиковий щит провалився, і всі вони провалилися крізь нього.
Les chiens, le traîneau et les gens ont disparu dans l'eau noire en contrebas.
Собаки, сани та люди зникли у чорній воді внизу.
Il ne restait qu'un large trou dans la glace là où ils étaient passés.
Там, де вони пройшли, залишилася лише широка діра в льоду.
Le fond du sentier s'était affaissé, comme Thornton l'avait prévenu.
Підошва стежки обвалилася — саме так, як і попереджав Торнтон.
Thornton et Buck se regardèrent, silencieux pendant un moment.
Торнтон і Бак подивилися одне на одного, на мить мовчки.
« Pauvre diable », dit doucement Thornton, et Buck lui lécha la main.
«Бідолашний ти», — тихо сказав Торнтон, і Бак облизав йому руку.

Pour l'amour d'un homme
Заради любові до чоловіка

John Thornton s'est gelé les pieds dans le froid du mois de décembre précédent.
Джон Торнтон відморозив ноги в холод попереднього грудня.

Ses partenaires l'ont mis à l'aise et l'ont laissé se rétablir seul.
Його партнери влаштували йому комфортно та залишили його відновлюватися самого.

Ils remontèrent la rivière pour rassembler un radeau de billes de bois pour Dawson.
Вони піднялися вгору по річці, щоб назбирати пліт пилорам для Доусона.

Il boitait encore légèrement lorsqu'il a sauvé Buck de la mort.
Він все ще трохи кульгав, коли врятував Бака від смерті.

Mais avec le temps chaud qui continue, même cette boiterie a disparu.
Але з появою теплої погоди навіть ця кульгавість зникла.

Allongé au bord de la rivière pendant les longues journées de printemps, Buck se reposait.
Лежачи на березі річки протягом довгих весняних днів, Бак відпочивав.

Il regardait l'eau couler et écoutait les oiseaux et les insectes.
Він спостерігав за течією води та слухав спів птахів і комах.

Lentement, Buck reprit ses forces sous le soleil et le ciel.
Повільно Бак відновлював сили під сонцем і небом.

Un repos merveilleux après avoir parcouru trois mille kilomètres.
Відпочинок був чудовим після подорожі трьома тисячами миль.

Buck est devenu paresseux à mesure que ses blessures guérissaient et que son corps se remplissait.
Бак став лінивим, коли його рани загоїлися, а тіло наповнилося.

Ses muscles se raffermirent et la chair revint recouvrir ses os.
Його м'язи стали міцнішими, а плоть знову покрила його кістки.
Ils se reposaient tous : Buck, Thornton, Skeet et Nig.
Всі вони відпочивали — Бак, Торнтон, Скіт і Ніг.
Ils attendaient le radeau qui allait les transporter jusqu'à Dawson.
Вони чекали на пліт, який мав доставити їх до Доусона.
Skeet était un petit setter irlandais qui s'est lié d'amitié avec Buck.
Скіт був маленьким ірландським сетером, який потоваришував з Баком.
Buck était trop faible et malade pour lui résister lors de leur première rencontre.
Бак був надто слабкий і хворий, щоб чинити їй опір під час їхньої першої зустрічі.
Skeet avait le trait de guérisseur que certains chiens possèdent naturellement.
Скіт мав рису цілителя, яку деякі собаки мають від природи.
Comme une mère chatte, elle lécha et nettoya les blessures à vif de Buck.
Як мама-кішка, вона облизувала та очищала свіжі рани Бака.
Chaque matin, après le petit-déjeuner, elle répétait son travail minutieux.
Щоранку після сніданку вона повторювала свою ретельну роботу.
Buck s'attendait à son aide autant qu'à celle de Thornton.
Бак очікував її допомоги так само, як і Торнтонової.
Nig était également amical, mais moins ouvert et moins affectueux.
Ніг теж був дружелюбним, але менш відкритим і менш ласкавим.
Nig était un gros chien noir, à la fois chien de Saint-Hubert et chien de chasse.

Ніг був великим чорним собакою, частково бладхаундом, частково дирхаундом.
Il avait des yeux rieurs et une infinie bonne nature dans son esprit.
У нього були усміхнені очі та безмежна доброта в душі.
À la surprise de Buck, aucun des deux chiens n'a montré de jalousie envers lui.
На подив Бака, жоден з собак не виявляв до нього ревнощів.
Skeet et Nig ont tous deux partagé la gentillesse de John Thornton.
І Скіт, і Ніг поділяли доброту Джона Торнтона.
À mesure que Buck devenait plus fort, ils l'ont attiré dans des jeux de chiens stupides.
Коли Бак зміцнів, вони заманили його в дурні собачі ігри.
Thornton jouait souvent avec eux aussi, incapable de résister à leur joie.
Торнтон також часто грався з ними, не в змозі встояти перед їхньою радістю.
De cette manière ludique, Buck est passé de la maladie à une nouvelle vie.
У такий грайливий спосіб Бак перейшов від хвороби до нового життя.
L'amour – un amour véritable, brûlant et passionné – était enfin à lui.
Кохання — справжнє, палке й пристрасне кохання — нарешті було його.
Il n'avait jamais connu ce genre d'amour dans le domaine de Miller.
Він ніколи не знав такого кохання в маєтку Міллера.
Avec les fils du juge, il avait partagé le travail et l'aventure.
З синами судді він ділив роботу та пригоди.
Chez les petits-fils, il vit une fierté raide et vantarde.
У онуків він бачив закляклу та хвалькувату гординю.
Il entretenait avec le juge Miller lui-même une amitié respectueuse.

З самим суддею Міллером у нього були шанобливі дружні стосунки.

Mais l'amour qui était feu, folie et adoration est venu avec Thornton.

Але кохання, яке було вогнем, божевіллям і поклонінням, прийшло з Торнтоном.

Cet homme avait sauvé la vie de Buck, et cela seul signifiait beaucoup.

Цей чоловік врятував Баку життя, і це вже одне багато значило.

Mais plus que cela, John Thornton était le type de maître idéal.

Але більше того, Джон Торнтон був ідеальним майстром.

D'autres hommes s'occupaient de chiens par devoir ou par nécessité professionnelle.

Інші чоловіки доглядали за собаками з обов'язку або через ділову необхідність.

John Thornton prenait soin de ses chiens comme s'ils étaient ses enfants.

Джон Торнтон піклувався про своїх собак, ніби вони були його дітьми.

Il prenait soin d'eux parce qu'il les aimait et qu'il ne pouvait tout simplement pas s'en empêcher.

Він піклувався про них, бо любив їх і просто нічого не міг з цим вдіяти.

John Thornton a vu encore plus loin que la plupart des hommes n'ont jamais réussi à voir.

Джон Торнтон бачив навіть далі, ніж більшість людей коли-небудь вдавалося побачити.

Il n'oubliait jamais de les saluer gentiment ou de leur adresser un mot d'encouragement.

Він ніколи не забував привітно їх привітати чи сказати підбадьорливе слово.

Il adorait s'asseoir avec les chiens pour de longues conversations, ou « gazeuses », comme il disait.

Він любив довго розмовляти з собаками, або, як він казав, «задихатися».

Il aimait saisir brutalement la tête de Buck entre ses mains fortes.
Йому подобалося грубо хапати Бака за голову своїми сильними руками.
Puis il posa sa tête contre celle de Buck et le secoua doucement.
Потім він притулив свою голову до Бакової й легенько його похитав.
Pendant tout ce temps, il traitait Buck de noms grossiers qui signifiaient de l'amour pour Buck.
Весь цей час він обзивал Бака грубими словами, що означало для Бака любов.
Pour Buck, cette étreinte brutale et ces mots ont apporté une joie profonde.
Баку ці грубі обійми та ці слова принесли глибоку радість.
Son cœur semblait se déchaîner de bonheur à chaque mouvement.
Здавалося, що його серце тріпотіло від щастя з кожним рухом.
Lorsqu'il se releva ensuite, sa bouche semblait rire.
Коли він потім схопився, його рот виглядав так, ніби він сміявся.
Ses yeux brillaient et sa gorge tremblait d'une joie inexprimée.
Його очі яскраво сяяли, а горло тремтіло від невимовної радості.
Son sourire resta figé dans cet état d'émotion et d'affection rayonnante.
Його посмішка завмерла в цьому стані емоцій та сяючої прихильності.
Thornton s'exclama alors pensivement : « Mon Dieu ! Il peut presque parler ! »
Тоді Торнтон задумливо вигукнув: «Боже! Він майже може говорити!»
Buck avait une étrange façon d'exprimer son amour qui causait presque de la douleur.

У Бака була дивна манера висловлювати кохання, яка мало не завдавала болю.

Il serrait souvent très fort la main de Thornton entre ses dents.

Він часто міцно стискав руку Торнтона зубами.

La morsure allait laisser des marques profondes qui resteraient un certain temps après.

Укус мав залишити глибокі сліди, які залишалися на деякий час після цього.

Buck croyait que ces serments étaient de l'amour, et Thornton savait la même chose.

Бак вірив, що ці клятви — це кохання, і Торнтон знав те саме.

Le plus souvent, l'amour de Buck se manifestait par une adoration silencieuse, presque silencieuse.

Найчастіше кохання Бака проявлялося в тихому, майже мовчазному обожнюванні.

Bien qu'il soit ravi lorsqu'on le touche ou qu'on lui parle, il ne cherche pas à attirer l'attention.

Хоча він був у захваті від дотику чи розмови з ним, він не шукав уваги.

Skeet a poussé son nez sous la main de Thornton jusqu'à ce qu'il la caresse.

Скіт тицьнула носом під руку Торнтона, аж поки він не погладив її.

Nig s'approcha tranquillement et posa sa grosse tête sur le genou de Thornton.

Ніг тихо підійшов і поклав свою велику голову на коліна Торнтона.

Buck, au contraire, se contentait d'aimer à distance respectueuse.

Бак, навпаки, був задоволений тим, що кохав з шанобливої відстані.

Il resta allongé pendant des heures aux pieds de Thornton, alerte et observant attentivement.

Він годинами лежав біля ніг Торнтона, пильно спостерігаючи.

Buck étudiait chaque détail du visage de son maître et le moindre mouvement.

Бак вивчав кожну деталь обличчя свого господаря та його найменший рух.

Ou bien il était allongé plus loin, étudiant la silhouette de l'homme en silence.

Або лежав далі, мовчки вивчаючи постать чоловіка.

Buck observait chaque petit mouvement, chaque changement de posture ou de geste.

Бак спостерігав за кожним найменшим рухом, кожною зміною пози чи жесту.

Ce lien était si puissant qu'il attirait souvent le regard de Thornton.

Цей зв'язок був настільки сильним, що часто привертав до себе погляд Торнтона.

Il rencontra les yeux de Buck sans un mot, l'amour brillant clairement à travers.

Він зустрівся поглядом з Баком без слів, крізь який чітко сяяло кохання.

Pendant longtemps après avoir été sauvé, Buck n'a jamais laissé Thornton hors de vue.

Протягом довгого часу після порятунку Бак не випускав Торнтона з поля зору.

Chaque fois que Thornton quittait la tente, Buck le suivait de près à l'extérieur.

Щоразу, коли Торнтон виходив з намету, Бак уважно йшов за ним надвір.

Tous les maîtres sévères du Northland avaient fait que Buck avait peur de faire confiance.

Усі суворі господарі на Півночі змусили Бака боятися довіряти.

Il craignait qu'aucun homme ne puisse rester son maître plus d'un court instant.

Він боявся, що ніхто не зможе залишитися його господарем довше короткого часу.

Il craignait que John Thornton ne disparaisse comme Perrault et François.

Він боявся, що Джон Торнтон зникне, як Перро та Франсуа.

Même la nuit, la peur de le perdre hantait le sommeil agité de Buck.

Навіть вночі страх втратити його переслідував Бака у неспокійному сні.

Quand Buck se réveilla, il se glissa dehors dans le froid et se dirigea vers la tente.

Коли Бак прокинувся, він виповз на холод і пішов до намету.

Il écoutait attentivement le doux bruit de la respiration à l'intérieur.

Він уважно прислухався до тихого внутрішнього дихання.

Malgré l'amour profond de Buck pour John Thornton, la nature sauvage est restée vivante.

Незважаючи на глибоку любов Бака до Джона Торнтона, дика природа залишилася живою.

Cet instinct primitif, éveillé dans le Nord, n'a pas disparu.

Той первісний інстинкт, пробуджений на Півночі, не зник.

L'amour a apporté la dévotion, la loyauté et le lien chaleureux du coin du feu.

Кохання принесло відданість, вірність та теплий зв'язок біля каміна.

Mais Buck a également conservé son instinct sauvage, vif et toujours en alerte.

Але Бак також зберігав свої дикі інстинкти, гострі та завжди пильні.

Il n'était pas seulement un animal de compagnie apprivoisé venu des terres douces de la civilisation.

Він був не просто прирученим домашнім улюбленцем з м'яких земель цивілізації.

Buck était un être sauvage qui était venu s'asseoir près du feu de Thornton.

Бак був дикуном, який зайшов посидіти біля вогню в Торнтона.

Il ressemblait à un chien du Southland, mais la sauvagerie vivait en lui.

Він був схожий на собаку з Саутленду, але всередині нього жила дика природа.

Son amour pour Thornton était trop grand pour permettre de voler cet homme.

Його любов до Торнтона була надто великою, щоб дозволити йому обкрасти його.

Mais dans n'importe quel autre camp, il volerait avec audace et sans relâche.

Але в будь-якому іншому таборі він би крав сміливо та без зупинки.

Il était si habile à voler que personne ne pouvait l'attraper ou l'accuser.

Він був настільки спритним у крадіжці, що ніхто не міг його спіймати чи звинуватити.

Son visage et son corps étaient couverts de cicatrices dues à de nombreux combats passés.

Його обличчя та тіло були вкриті шрамами від численних минулих боїв.

Buck se battait toujours avec acharnement, mais maintenant il se battait avec plus de ruse.

Бак все ще люто бився, але тепер він бився з більшою хитрістю.

Skeet et Nig étaient trop doux pour se battre, et ils appartenaient à Thornton.

Скіт і Ніг були надто ніжні, щоб битися, і вони належали Торнтону.

Mais tout chien étranger, aussi fort ou courageux soit-il, cédait.

Але будь-який дивний собака, яким би сильним чи хоробрим він не був, поступався дорогою.

Sinon, le chien se retrouvait à lutter contre Buck, à se battre pour sa vie.

Інакше собака опинився в боротьбі з Баком; боровся за своє життя.

Buck n'a eu aucune pitié une fois qu'il a choisi de se battre contre un autre chien.

Бак не мав милосердя, коли вирішив битися з іншим собакою.

Il avait bien appris la loi du gourdin et des crocs dans le Nord.

Він добре вивчив закон палиці та ікла на Півночі.

Il n'a jamais abandonné un avantage et n'a jamais reculé devant la bataille.

Він ніколи не втрачав переваги і ніколи не відступав від битви.

Il avait étudié les Spitz et les chiens les plus féroces de la poste et de la police.

Він вивчав Шпіца та найлютіших собак пошти та поліції.

Il savait clairement qu'il n'y avait pas de juste milieu dans un combat sauvage.

Він чітко знав, що в дикій сутичці немає золотої середини.

Il doit gouverner ou être gouverné ; faire preuve de miséricorde signifie faire preuve de faiblesse.

Він мусив правити або бути керованим; виявляти милосердя означало виявляти слабкість.

La miséricorde était inconnue dans le monde brut et brutal de la survie.

Милосердя було невідоме у сирому та жорстокому світі виживання.

Faire preuve de miséricorde était perçu comme de la peur, et la peur menait rapidement à la mort.

Вияв милосердя сприймався як страх, а страх швидко вів до смерті.

L'ancienne loi était simple : tuer ou être tué, manger ou être mangé.

Старий закон був простий: вбий або будеш убитий, з'їж або будеш з'їдений.

Cette loi venait des profondeurs du temps, et Buck la suivait pleinement.

Той закон прийшов з глибин часів, і Бак дотримувався його неухильно.

Buck était plus vieux que son âge et que le nombre de respirations qu'il prenait.

Бак був старший за свої роки та кількість вдихів, які він робив.
Il a clairement relié le passé ancien au moment présent.
Він чітко пов'язав давнє минуле з сучасним моментом.
Les rythmes profonds des âges le traversaient comme les marées.
Глибокі ритми віків пронизували його, немов припливи та відпливи.
Le temps pulsait dans son sang aussi sûrement que les saisons faisaient bouger la terre.
Час пульсував у його крові так само впевнено, як пори року рухають землю.
Il était assis près du feu de Thornton, la poitrine forte et les crocs blancs.
Він сидів біля вогню в Торнтона, міцногрудий та з білими іклами.
Sa longue fourrure ondulait, mais derrière lui, les esprits des chiens sauvages observaient.
Його довге хутро майоріло, але позаду нього спостерігали духи диких собак.
Des demi-loups et des loups à part entière s'agitaient dans son cœur et dans ses sens.
Напіввовки та справжні вовки ворушилися в його серці та почуттях.
Ils goûtèrent sa viande et burent la même eau que lui.
Вони скуштували його м'ясо та випили ту саму воду, що й він.
Ils reniflaient le vent à ses côtés et écoutaient la forêt.
Вони нюхали вітер поруч із ним і слухали ліс.
Ils murmuraient la signification des sons sauvages dans l'obscurité.
Вони шепотіли значення диких звуків у темряві.
Ils façonnaient ses humeurs et guidaient chacune de ses réactions silencieuses.
Вони формували його настрій і керували кожною з його тихих реакцій.

Ils se sont couchés avec lui pendant son sommeil et sont devenus une partie de ses rêves profonds.
Вони лежали з ним, коли він спав, і ставали частиною його глибоких снів.
Ils rêvaient avec lui, au-delà de lui, et constituaient son esprit même.
Вони мріяли разом з ним, перевершуючи його, і складали саму його душу.
Les esprits de la nature appelèrent si fort que Buck se sentit attiré.
Духи дикої природи кликали так сильно, що Бак відчув потяг.
Chaque jour, l'humanité et ses revendications s'affaiblissaient dans le cœur de Buck.
З кожним днем людство та його претензії слабшали в серці Бака.
Au plus profond de la forêt, un appel étrange et palpitant allait s'élever.
Глибоко в лісі мав пролунати дивний і хвилюючий поклик.
Chaque fois qu'il entendait l'appel, Buck ressentait une envie à laquelle il ne pouvait résister.
Щоразу, коли Бак чув цей дзвінок, він відчував непереборне бажання.
Il allait se détourner du feu et des sentiers battus des humains.
Він збирався відвернутися від вогню та зникнути з второваних людських стежок.
Il allait s'enfoncer dans la forêt, avançant sans savoir pourquoi.
Він збирався пірнути в ліс, рухаючись уперед, не знаючи чому.
Il ne remettait pas en question cette attraction, car l'appel était profond et puissant.
Він не сумнівався в цьому потягу, бо поклик був глибоким і потужним.
Souvent, il atteignait l'ombre verte et la terre douce et intacte

Часто він досягав зеленої тіні та м'якої недоторканої землі
Mais ensuite, son amour profond pour John Thornton l'a ramené vers le feu.
Але потім сильне кохання до Джона Торнтона знову потягнуло його до вогню.
Seul John Thornton tenait véritablement le cœur sauvage de Buck entre ses mains.
Тільки Джон Торнтон по-справжньому тримав у своїх обіймах дике серце Бака.
Le reste de l'humanité n'avait aucune valeur ni signification durable pour Buck.
Решта людства не мала для Бака жодної тривалої цінності чи сенсу.
Les étrangers pourraient le féliciter ou caresser sa fourrure avec des mains amicales.
Незнайомці можуть хвалити його або дружньо гладити його хутро.
Buck resta impassible et s'éloigna à cause de trop d'affection.
Бак залишився незворушним і пішов геть від надмірної ласки.
Hans et Pete sont arrivés avec le radeau qu'ils attendaient depuis longtemps
Ганс і Піт прибули з плотом, якого так довго чекали.
Buck les a ignorés jusqu'à ce qu'il apprenne qu'ils étaient proches de Thornton.
Бак ігнорував їх, доки не дізнався, що вони близько до Торнтона.
Après cela, il les a tolérés, mais ne leur a jamais montré toute sa chaleur.
Після цього він терпів їх, але ніколи не виявляв до них повної теплоти.
Il prenait de la nourriture ou des marques de gentillesse de leur part comme s'il leur rendait service.
Він брав від них їжу чи ласкаві послуги, ніби роблячи їм послугу.
Ils étaient comme Thornton : simples, honnêtes et clairs dans leurs pensées.

Вони були схожі на Торнтона — прості, чесні та з ясними думками.

Tous ensemble, ils se rendirent à la scierie de Dawson et au grand tourbillon

Усі разом вони вирушили до лісопилки Доусона та до великого виру.

Au cours de leur voyage, ils ont appris à comprendre profondément la nature de Buck.

Під час своєї подорожі вони навчилися глибоко розуміти природу Бака.

Ils n'ont pas essayé de se rapprocher comme Skeet et Nig l'avaient fait.

Вони не намагалися зблизитися, як це зробили Скіт та Ніг.

Mais l'amour de Buck pour John Thornton n'a fait que s'approfondir avec le temps.

Але любов Бака до Джона Торнтона з часом лише поглиблювалася.

Seul Thornton pouvait placer un sac sur le dos de Buck en été.

Тільки Торнтон міг покласти клуню на спину Бака влітку.

Quoi que Thornton ordonne, Buck était prêt à l'exécuter pleinement.

Щоб не наказав Торнтон, Бак був готовий виконати сповна.

Un jour, après avoir quitté Dawson pour les sources du Tanana,

Одного дня, після того як вони вирушили з Доусона до верхів'їв Танани,

le groupe était assis sur une falaise qui descendait d'un mètre jusqu'au substrat rocheux nu.

Група сиділа на скелі, що спускалася на три фути до голої скелі.

John Thornton était assis près du bord et Buck se reposait à côté de lui.

Джон Торнтон сидів біля краю, а Бак відпочивав поруч із ним.

Thornton eut une pensée soudaine et attira l'attention des hommes.

Торнтона раптом осяяла думка, і він звернув увагу чоловіків.

Il désigna le gouffre et donna un seul ordre à Buck.

Він показав через прірву і дав Баку одну команду.

« Saute, Buck ! » dit-il en balançant son bras au-dessus de la chute.

«Стрибай, Баку!» — сказав він, простягаючи руку через обрив.

En un instant, il dut attraper Buck, qui sautait pour obéir.

За мить йому довелося схопити Бака, який кинувся слухатися.

Hans et Pete se sont précipités en avant et ont ramené les deux hommes en sécurité.

Ганс і Піт кинулися вперед і відтягли обох назад у безпечне місце.

Une fois que tout fut terminé et qu'ils eurent repris leur souffle, Pete prit la parole.

Після того, як усе закінчилося, і вони перевели подих, Піт заговорив.

« L'amour est étrange », dit-il, secoué par la dévotion féroce du chien.

«Це кохання неймовірне», — сказав він, вражений палкою відданістю собаки.

Thornton secoua la tête et répondit avec un sérieux calme.

Торнтон похитав головою та відповів зі спокійною серйозністю.

« Non, l'amour est splendide », dit-il, « mais aussi terrible. »

«Ні, кохання чудове, — сказав він, — але водночас жахливе».

« Parfois, je dois l'admettre, ce genre d'amour me fait peur. »

«Іноді, мушу визнати, таке кохання мене лякає».

Pete hocha la tête et dit : « Je détesterais être l'homme qui te touche. »

Піт кивнув і сказав: «Я б не хотів бути тим чоловіком, який тебе торкнеться».

Il regarda Buck pendant qu'il parlait, sérieux et plein de respect.

Говорячи, він дивився на Бака серйозно та сповнено поваги.

« Py Jingo ! » s'empressa de dire Hans. « Moi non plus, non monsieur. »

— Пі Джинго! — швидко сказав Ганс. — Я теж, ні, сер.

Avant la fin de l'année, les craintes de Pete se sont réalisées à Circle City.

Ще до кінця року побоювання Піта справдилися в Серкл-Сіті.

Un homme cruel nommé Black Burton a provoqué une bagarre dans le bar.

Жорстокий чоловік на ім'я Блек Бертон влаштував бійку в барі.

Il était en colère et malveillant, s'en prenant à un nouveau tendre.

Він був розлючений і злісний, накинувшись на нового новачка.

John Thornton est intervenu, calme et de bonne humeur comme toujours.

Джон Торнтон увійшов у гру, спокійний і добродушний, як завжди.

Buck était allongé dans un coin, la tête baissée, observant Thornton de près.

Бак лежав у кутку, опустивши голову, уважно спостерігаючи за Торнтоном.

Burton frappa soudainement, son coup envoyant Thornton tourner.

Бертон раптово завдав удару, від якого Торнтона аж обернулося.

Seule la barre du bar l'a empêché de s'écraser violemment au sol.

Лише поручні перекладини врятували його від сильного падіння на землю.

Les observateurs ont entendu un son qui n'était ni un aboiement ni un cri.

Спостерігачі почули звук, який не був гавкотом чи вереском

un rugissement profond sortit de Buck alors qu'il se lançait vers l'homme.

Бак видав глибокий рев, кидаючись до чоловіка.

Burton a levé le bras et a sauvé sa vie de justesse.

Бертон підняв руку і ледве врятував власне життя.

Buck l'a percuté, le faisant tomber à plat sur le sol.

Бак врізався в нього, збивши його на підлогу.

Buck mordit profondément le bras de l'homme, puis se jeta à la gorge.

Бак глибоко вкусив чоловіка за руку, а потім кинувся до горла.

Burton n'a pu bloquer que partiellement et son cou a été déchiré.

Бертон зміг лише частково заблокувати м'яч, і його шия була розірвана.

Des hommes se sont précipités, les bâtons levés, et ont chassé Buck de l'homme ensanglanté.

Чоловіки кинулися всередину з піднятими кийками та відігнали Бака від стікаючих кров'ю людей.

Un chirurgien est intervenu rapidement pour arrêter l'écoulement du sang.

Хірург швидко взявся за справу, щоб зупинити витік крові.

Buck marchait de long en large et grognait, essayant d'attaquer encore et encore.

Бак ходив туди-сюди та гарчав, намагаючись атакувати знову і знову.

Seuls les coups de massue l'ont empêché d'atteindre Burton.

Тільки розгойдування кийків завадило йому дістатися до Бертона.

Une réunion de mineurs a été convoquée et tenue sur place.

Збори шахтарів були скликані та проведені прямо на місці.

Ils ont convenu que Buck avait été provoqué et ont voté pour le libérer.

Вони погодилися, що Бака спровокували, і проголосували за його звільнення.

Mais le nom féroce de Buck résonnait désormais dans tous les camps d'Alaska.

Але люте ім'я Бака тепер лунало в кожному таборі Аляски.

Plus tard cet automne-là, Buck sauva à nouveau Thornton d'une nouvelle manière.

Пізніше тієї ж осені Бак знову врятував Торнтона новим способом.

Les trois hommes guidaient un long bateau sur des rapides impétueux.

Троє чоловіків вели довгий човен бурхливими порогами.

Thornton dirigeait le bateau et donnait des indications pour se rendre sur le rivage.

Торнтон керував човном, вигукуючи вказівки щодо шляху до берегової лінії.

Hans et Pete couraient sur terre, tenant une corde d'arbre en arbre.

Ганс і Піт бігли по суші, тримаючи мотузку, перетягнуту від дерева до дерева.

Buck suivait le rythme sur la rive, surveillant toujours son maître.

Бак не відставав від берега, незмінно спостерігаючи за своїм господарем.

À un endroit désagréable, des rochers surplombaient les eaux vives.

В одному неприємному місці скелі стирчали з-під швидкої води.

Hans lâcha la corde et Thornton dirigea le bateau vers le large.

Ганс відпустив мотузку, і Торнтон широко спрямував човен.

Hans sprinta pour rattraper le bateau en passant devant les rochers dangereux.

Ганс побіг, щоб знову наздогнати човен, пропливши за небезпечні скелі.

Le bateau a franchi le rebord mais a heurté une partie plus forte du courant.

Човен обійшов виступ, але вдарився об сильнішу частину течії.

Hans a attrapé la corde trop vite et a déséquilibré le bateau.

Ганс занадто швидко схопив мотузку і вибив човен з рівноваги.

Le bateau s'est retourné et a heurté la berge, cul en l'air.

Човен перекинувся і вдарився об берег днищем догори дном.

Thornton a été jeté dehors et emporté dans la partie la plus sauvage de l'eau.

Торнтона викинуло на берег і змило в найбурхливішу частину води.

Aucun nageur n'aurait pu survivre dans ces eaux mortelles et tumultueuses.

Жоден плавець не зміг би вижити в цих смертельних, швидкісних водах.

Buck sauta instantanément et poursuivit son maître sur la rivière.

Бак миттєво стрибнув і погнався за своїм господарем униз по річці.

Après trois cents mètres, il atteignit enfin Thornton.

Через триста ярдів він нарешті дістався Торнтона.

Thornton attrapa la queue de Buck, et Buck se tourna vers le rivage.

Торнтон схопив Бака за хвіст, і Бек повернув до берега.

Il nageait de toutes ses forces, luttant contre la force de l'eau.

Він плив щосили, борючись із шаленим опором води.

Ils se déplaçaient en aval plus vite qu'ils ne pouvaient atteindre le rivage.

Вони рухалися за течією швидше, ніж могли дістатися до берега.

Plus loin, la rivière rugissait plus fort alors qu'elle tombait dans des rapides mortels.

Попереду річка ревела голосніше, впадаючи у смертельні пороги.

Les rochers fendaient l'eau comme les dents d'un énorme peigne.

Камені розсікали воду, немов зубці величезного гребінця.

L'attraction de l'eau près de la chute était sauvage et inévitable.

Потяг води біля краю був шаленим і неминучим.

Thornton savait qu'ils ne pourraient jamais atteindre le rivage à temps.

Торнтон знав, що вони ніколи не зможуть вчасно дістатися берега.

Il a gratté un rocher, s'est écrasé sur un deuxième,

Він шкрябав об один камінь, розбивався об другий,

Et puis il s'est écrasé contre un troisième rocher, l'attrapant à deux mains.

А потім він врізався в третій камінь, схопившись за нього обома руками.

Il lâcha Buck et cria par-dessus le rugissement : « Vas-y, Buck ! Vas-y ! »

Він відпустив Бака й крикнув крізь рев: «Вперед, Баку! Вперед!»

Buck n'a pas pu rester à flot et a été emporté par le courant.

Бак не зміг втриматися на плаву і його знесло течією.

Il s'est battu avec acharnement, s'efforçant de se retourner, mais n'a fait aucun progrès.

Він щосили боровся, намагаючись повернутись, але зовсім не просунувся вперед.

Puis il entendit Thornton répéter l'ordre par-dessus le rugissement de la rivière.

Потім він почув, як Торнтон повторив команду крізь рев річки.

Buck sortit de l'eau et leva la tête comme pour un dernier regard.

Бак виринув з води, підняв голову, ніби востаннє глянувши.

puis il se retourna et obéit, nageant vers la rive avec résolution.
потім повернувся і послухався, рішуче попливши до берега.

Pete et Hans l'ont tiré à terre au dernier moment possible.
Піт і Ганс витягли його на берег в останню мить.

Ils savaient que Thornton ne pourrait s'accrocher au rocher que quelques minutes de plus.
Вони знали, що Торнтон зможе триматися за скелю лише кілька хвилин.

Ils coururent sur la berge jusqu'à un endroit bien au-dessus de l'endroit où il était suspendu.
Вони побігли берегом до місця високо над тим місцем, де він висів.

Ils ont soigneusement attaché la ligne du bateau au cou et aux épaules de Buck.
Вони обережно прив'язали човенну мотузку до шиї та плечей Бака.

La corde était serrée mais suffisamment lâche pour permettre la respiration et le mouvement.
Мотузка була щільно прилягаючою, але достатньо вільною для дихання та руху.

Puis ils le jetèrent à nouveau dans la rivière tumultueuse et mortelle.
Потім вони знову скинули його у стрімку, смертельну річку.

Buck nageait avec audace mais manquait son angle face à la force du courant.
Бак сміливо плив, але не потрапив під свій кут у сильну течію.

Il a vu trop tard qu'il allait dépasser Thornton.
Він надто пізно зрозумів, що проїде повз Торнтона.

Hans tira fort sur la corde, comme si Buck était un bateau en train de chavirer.
Ганс смикнув мотузку, ніби Бак був човном, що перекидається.

Le courant l'a entraîné vers le fond et il a disparu sous la surface.
Течія потягнула його під воду, і він зник під поверхнею.
Son corps a heurté la berge avant que Hans et Pete ne le sortent.
Його тіло вдарилося об берег, перш ніж Ганс і Піт витягли його.
Il était à moitié noyé et ils l'ont chassé de l'eau.
Він наполовину потонув, і вони викачали з нього воду.
Buck se leva, tituba et s'effondra à nouveau sur le sol.
Бак підвівся, похитнувся і знову впав на землю.
Puis ils entendirent la voix de Thornton faiblement portée par le vent.
Потім вони почули голос Торнтона, ледь чутний вітром.
Même si les mots n'étaient pas clairs, ils savaient qu'il était proche de la mort.
Хоча слова були незрозумілими, вони знали, що він близький до смерті.
Le son de la voix de Thornton frappa Buck comme une décharge électrique.
Звук голосу Торнтона вдарив Бака, немов електричний розряд.
Il sauta et courut sur la berge, retournant au point de lancement.
Він схопився та побіг угору по берегу, повертаючись до місця старту.
Ils attachèrent à nouveau la corde à Buck, et il entra à nouveau dans le ruisseau.
Знову вони прив'язали Бака мотузкою, і він знову увійшов у струмок.
Cette fois, il nagea directement et fermement dans l'eau tumultueuse.
Цього разу він плив прямо та рішуче у стрімку воду.
Hans laissa sortir la corde régulièrement tandis que Pete l'empêchait de s'emmêler.
Ганс повільно відпускав мотузку, поки Піт не давав їй заплутатися.

Buck a nagé avec acharnement jusqu'à ce qu'il soit aligné juste au-dessus de Thornton.
Бак щосили плив, аж поки не опинився трохи вище Торнтона.
Puis il s'est retourné et a foncé comme un train à toute vitesse.
Потім він розвернувся і помчав униз, немов поїзд на повній швидкості.
Thornton le vit arriver, se redressa et entoura son cou de ses bras.
Торнтон побачив його наближення, приготувався і обійняв його за шию.
Hans a attaché la corde fermement autour d'un arbre alors qu'ils étaient tous les deux entraînés sous l'eau.
Ганс міцно прив'язав мотузку до дерева, коли обох потягнуло під землю.
Ils ont dégringolé sous l'eau, s'écrasant contre des rochers et des débris de la rivière.
Вони котилися під воду, розбиваючись об каміння та річкове уламки.
Un instant, Buck était au sommet, l'instant d'après, Thornton se levait en haletant.
В одну мить Бак був зверху, а в наступну Торнтон підвівся, задихаючись.
Battus et étouffés, ils se dirigèrent vers la rive et la sécurité.
Побиті та задихаючись, вони звернули до берега та безпечного місця.
Thornton a repris connaissance, allongé sur un tronc d'arbre.
Торнтон прийшов до тями, лежачи на заплавній колоді.
Hans et Pete ont travaillé dur pour lui redonner souffle et vie.
Ганс і Піт наполегливо працювали, щоб повернути йому дихання та життя.
Sa première pensée fut pour Buck, qui gisait immobile et mou.
Його перша думка була про Бака, який лежав нерухомо та безсило.

Nig hurla sur le corps de Buck et Skeet lui lécha doucement le visage.
Ніг завив над тілом Бака, а Скіт ніжно облизав його обличчя.

Thornton, endolori et meurtri, examina Buck avec des mains prudentes.
Торнтон, весь у синцях і боляче на тілі, обережно оглянув Бака.

Il a trouvé trois côtes cassées, mais aucune blessure mortelle chez le chien.
Він виявив у собаки три зламані ребра, але смертельних ран не було.

« C'est réglé », dit Thornton. « On campe ici. » Et c'est ce qu'ils firent.
«Це вирішує питання», — сказав Торнтон. «Ми тут таборуємо». І вони так і зробили.

Ils sont restés jusqu'à ce que les côtes de Buck soient guéries et qu'il puisse à nouveau marcher.
Вони залишалися, поки ребра Бака не загоїлися, і він знову не зміг ходити.

Cet hiver-là, Buck accomplit un exploit qui augmenta encore sa renommée.
Тієї зими Бак здійснив подвиг, який ще більше підняв його славу.

C'était moins héroïque que de sauver Thornton, mais tout aussi impressionnant.
Це було менш героїчно, ніж порятунок Торнтона, але так само вражаюче.

À Dawson, les partenaires avaient besoin de provisions pour un long voyage.
У Доусоні партнерам потрібні були припаси для далекої подорожі.

Ils voulaient voyager vers l'Est, dans des terres sauvages et intactes.
Вони хотіли подорожувати на Схід, у недоторкані дикі землі.

L'acte de Buck dans l'Eldorado Saloon a rendu ce voyage possible.

Вчинок Бака в салуні Ельдорадо зробив цю поїздку можливою.

Tout a commencé avec des hommes qui se vantaient de leurs chiens en buvant un verre.

Все почалося з того, що чоловіки вихвалялися своїми собаками за випивкою.

La renommée de Buck a fait de lui la cible de défis et de doutes.

Слава Бака зробила його мішенню для викликів та сумнівів.

Thornton, fier et calme, resta ferme dans la défense du nom de Buck.

Торнтон, гордий і спокійний, твердо стояв на захисті імені Бака.

Un homme a déclaré que son chien pouvait facilement tirer deux cents kilos.

Один чоловік сказав, що його собака може легко потягнути п'ятсот фунтів.

Un autre a dit six cents, et un troisième s'est vanté d'en avoir sept cents.

Інший сказав шістсот, а третій похвалився сімсот.

« Pfft ! » dit John Thornton, « Buck peut tirer un traîneau de mille livres. »

«Пфф!» — сказав Джон Торнтон. — «Бак може тягнути сани вагою в тисячу фунтів».

Matthewson, un roi de Bonanza, s'est penché en avant et l'a défié.

Метьюсон, король Бонанзи, нахилився вперед і кинув йому виклик.

« Tu penses qu'il peut mettre autant de poids en mouvement ? »

«Ти думаєш, що він може привести в рух таку велику вагу?»

« Et tu penses qu'il peut tirer le poids sur une centaine de mètres ? »

«І ти думаєш, що він зможе протягнути цю вагу на цілих сто ярдів?»

Thornton répondit froidement : « Oui. Buck est assez doué pour le faire. »

Торнтон холоднокровно відповів: «Так. Бак достатньо хороший пес, щоб це зробити».

« Il mettra mille livres en mouvement et le tirera sur une centaine de mètres. »

«Він змусить рухатися тисячу фунтів і потягне його на сто ярдів».

Matthewson sourit lentement et s'assura que tous les hommes entendaient ses paroles.

Метьюсон повільно посміхнувся і переконався, що всі чоловіки почули його слова.

« J'ai mille dollars qui disent qu'il ne peut pas. Le voilà. »

«У мене є тисяча доларів, які говорять, що він не зможе. Ось вона».

Il a claqué un sac de poussière d'or de la taille d'une saucisse sur le bar.

Він грюкнув мішечком золотого пилу завбільшки з ковбасу по барній стійці.

Personne ne dit un mot. Le silence devint pesant et tendu autour d'eux.

Ніхто не промовив ні слова. Тиша навколо них ставала все важчою та напруженішою.

Le bluff de Thornton – s'il en était un – avait été pris au sérieux.

Торнтонов блеф — якщо це був блеф — сприйняли серйозно.

Il sentit la chaleur monter sur son visage tandis que le sang affluait sur ses joues.

Він відчув, як жар піднімається до його обличчя, кров прилила до щік.

Sa langue avait pris le pas sur sa raison à ce moment-là.

У ту мить його язик випередив розум.

Il ne savait vraiment pas si Buck pouvait déplacer mille livres.

Він справді не знав, чи зможе Бак зрушити з місця тисячу фунтів.

Une demi-tonne ! Rien que sa taille lui pesait le cœur.

Півтонни! Вже сам його розмір стиснув йому серце.

Il avait foi en la force de Buck et le pensait capable.

Він вірив у силу Бака і вважав його здатним.

Mais il n'avait jamais été confronté à ce genre de défi, pas comme celui-ci.

Але він ніколи не стикався з таким викликом, не з таким.

Une douzaine d'hommes l'observaient tranquillement, attendant de voir ce qu'il allait faire.

Десяток чоловіків мовчки спостерігали за ним, чекаючи, що він зробить.

Il n'avait pas d'argent, ni Hans ni Pete.

У нього не було грошей — як і в Ганса, чи в Піта.

« J'ai un traîneau dehors », dit Matthewson froidement et directement.

«У мене надворі сани», — холодно та прямо сказав Метьюсон.

« Il est chargé de vingt sacs de cinquante livres chacun, tous de farine.

«Він завантажений двадцятьма мішками, по п'ятдесят фунтів кожен, все борошно.

« Alors ne laissez pas un traîneau manquant devenir votre excuse maintenant », a-t-il ajouté.

Тож не дозволяйте зниклим саням бути вашим виправданням зараз, – додав він.

Thornton resta silencieux. Il ne savait pas quels mots lui dire.

Торнтон мовчав. Він не знав, які слова сказати.

Il regarda les visages autour de lui sans les voir clairement.

Він озирнувся на обличчя, не розгледівши їх чітко.

Il ressemblait à un homme figé dans ses pensées, essayant de redémarrer.

Він виглядав як людина, завмерла в думках і намагається почати все заново.

Puis il a vu Jim O'Brien, un ami de l'époque Mastodon.

Потім він побачив Джима О'Браєна, друга ще з часів мастодонтів.

Ce visage familier lui a donné un courage qu'il ne savait pas avoir.

Це знайоме обличчя додало йому сміливості, про яку він і не знав.

Il se tourna et demanda à voix basse : « Peux-tu me prêter mille ? »

Він повернувся і тихо запитав: «Чи можете ви позичити мені тисячу?»

« Bien sûr », dit O'Brien, laissant déjà tomber un lourd sac près de l'or.

«Звичайно», — сказав О'Браєн, вже кидаючи важкий мішок біля золота.

« Mais honnêtement, John, je ne crois pas que la bête puisse faire ça. »

«Але, чесно кажучи, Джоне, я не вірю, що звір може це зробити».

Tout le monde dans le Saloon Eldorado s'est précipité dehors pour voir l'événement.

Усі в салуні «Ельдорадо» вибігли надвір, щоб подивитися на подію.

Ils ont laissé les tables et les boissons, et même les jeux ont été interrompus.

Вони залишили столи та напої, і навіть ігри були призупинені.

Les croupiers et les joueurs sont venus assister à la fin de ce pari audacieux.

Дилери та гравці прийшли, щоб подивитися на кінець сміливої ставки.

Des centaines de personnes se sont rassemblées autour du traîneau dans la rue glacée.

Сотні людей зібралися навколо саней на крижаній відкритій вулиці.

Le traîneau de Matthewson était chargé d'une charge complète de sacs de farine.

Сани Метьюсона стояли, повні мішків борошна.

Le traîneau était resté immobile pendant des heures à des températures négatives.
Сани простояли годинами за мінусової температури.
Les patins du traîneau étaient gelés et collés à la neige tassée.
Полозья саней міцно примерзли до утрамбованого снігу.
Les hommes ont offert une cote de deux contre un que Buck ne pourrait pas déplacer le traîneau.
Чоловіки поставили два до одного на те, що Бак не зможе зрушити сани.
Une dispute a éclaté sur ce que signifiait réellement « sortir ».
Виникла суперечка щодо того, що насправді означає слово «вирватися».
O'Brien a déclaré que Thornton devrait desserrer la base gelée du traîneau.
О'Браєн сказав, що Торнтон має розпушити замерзлу основу саней.
Buck pourrait alors « sortir » d'un départ solide et immobile.
Тоді Бак міг «вирватися» з твердого, нерухомого старту.
Matthewson a soutenu que le chien devait également libérer les coureurs.
Метьюсон стверджував, що собака також має звільнити бігунів.
Les hommes qui avaient entendu le pari étaient d'accord avec le point de vue de Matthewson.
Чоловіки, які чули про парі, погодилися з точкою зору Метьюсона.
Avec cette décision, les chances sont passées à trois contre un contre Buck.
З цим рішенням шанси зросли до трьох до одного проти Бака.
Personne ne s'est manifesté pour prendre en compte les chances croissantes de trois contre un.
Ніхто не зробив крок вперед, щоб скористатися зростаючими шансами три до одного.

Pas un seul homme ne croyait que Buck pouvait accomplir un tel exploit.

Жоден чоловік не вірив, що Бак здатний на такий великий подвиг.

Thornton s'était précipité dans le pari, lourd de doutes.

Торнтона, обтяженого сумнівами, поспішно втягнули в цю парі.

Il regarda alors le traîneau et l'attelage de dix chiens à côté.

Тепер він подивився на сани та упряжку з десяти собак поруч.

En voyant la réalité de la tâche, elle semblait encore plus impossible.

Бачачи реальність завдання, воно здавалося ще більш неможливим.

Matthewson était plein de fierté et de confiance à ce moment-là.

У той момент Меттьюсон був сповнений гордості та впевненості.

« Trois contre un ! » cria-t-il. « Je parie mille de plus, Thornton !

«Три до одного!» — крикнув він. — «Ставлю ще тисячу, Торнтоне!»

« Que dites-vous ? » ajouta-t-il, assez fort pour que tout le monde l'entende.

— Що скажеш? — додав він достатньо голосно, щоб усі почули.

Le visage de Thornton exprimait ses doutes, mais son esprit s'était élevé.

Обличчя Торнтона виражало сумніви, але його дух піднявся.

Cet esprit combatif ignorait les probabilités et ne craignait rien du tout.

Цей бойовий дух ігнорував труднощі та нічого не боявся.

Il a appelé Hans et Pete pour apporter tout leur argent sur la table.

Він зателефонував Гансу та Піту, щоб ті принесли всі свої гроші до столу.

Il ne leur restait plus grand-chose : seulement deux cents dollars au total.
У них залишилося мало що — лише двісті доларів разом.
Cette petite somme représentait toute leur fortune pendant les temps difficiles.
Ця невелика сума була їхнім повним статком у важкі часи.
Pourtant, ils ont misé toute leur fortune contre le pari de Matthewson.
Однак вони поставили весь статок на ставку Метьюсона.
L'attelage de dix chiens a été dételé et éloigné du traîneau.
Десятисобача упряжка була відпряжена та відійшла від саней.
Buck a été placé dans les rênes, portant son harnais familier.
Бака посадили за віжки, одягнувши свою звичну упряж.
Il avait capté l'énergie de la foule et ressenti la tension.
Він вловив енергію натовпу та відчув напругу.
D'une manière ou d'une autre, il savait qu'il devait faire quelque chose pour John Thornton.
Якимось чином він знав, що має щось зробити для Джона Торнтона.
Les gens murmuraient avec admiration devant la fière silhouette du chien.
Люди захоплено шепотіли, дивлячись на горду постать собаки.
Il était mince et fort, sans une seule once de chair supplémentaire.
Він був худий і міцний, без жодної зайвої унції плоті.
Son poids total de cent cinquante livres n'était que puissance et endurance.
Його повна вага в сто п'ятдесят фунтів була суцільною силою та витривалістю.
Le pelage de Buck brillait comme de la soie, épais de santé et de force.
Шуба Бака блищала, як шовк, густа від здоров'я та сили.
La fourrure le long de son cou et de ses épaules semblait se soulever et se hérisser.
Хутро на його шиї та плечах ніби дибки стало й щетиною.

Sa crinière bougeait légèrement, chaque cheveu vivant de sa grande énergie.
Його грива ледь помітно ворухнулася, кожна волосинка ожила від його величезної енергії.

Sa large poitrine et ses jambes fortes correspondaient à sa silhouette lourde et robuste.
Його широкі груди та міцні ноги відповідали його важкій, міцній статурі.

Des muscles ondulaient sous son manteau, tendus et fermes comme du fer lié.
М'язи напружувалися під його пальто, напружені та тверді, як скуте залізо.

Les hommes le touchaient et juraient qu'il était bâti comme une machine en acier.
Чоловіки торкалися його й клялися, що він був збудований, як сталева машина.

Les chances ont légèrement baissé à deux contre un contre le grand chien.
Шанси трохи знизилися до двох до одного проти великого пса.

Un homme des bancs de Skookum s'avança en bégayant.
Чоловік зі Скукумських лавок просунувся вперед, затинаючись.

« Bien, monsieur ! J'offre huit cents pour lui – avant l'examen, monsieur ! »
«Добре, сер! Пропоную за нього вісімсот... до випробування, сер!»

« Huit cents, tel qu'il est en ce moment ! » insista l'homme.
«Вісімсот, як він зараз стоїть!» — наполягав чоловік.

Thornton s'avança, sourit et secoua calmement la tête.
Торнтон ступив уперед, посміхнувся та спокійно похитав головою.

Matthewson est rapidement intervenu avec une voix d'avertissement et un froncement de sourcils.
Меттьюсон швидко втрутився попереджувальним голосом і насупився.

« Éloignez-vous de lui », dit-il. « Laissez-lui de l'espace. »

«Ти мусиш відійти від нього подалі», — сказав він. «Дай йому простір».

La foule se tut ; seuls les joueurs continuaient à miser deux contre un.

Натовп замовк; лише гравці все ще ставили два до одного.

Tout le monde admirait la carrure de Buck, mais la charge semblait trop lourde.

Усі захоплювалися статурою Бака, але вантаж виглядав занадто великим.

Vingt sacs de farine, pesant chacun cinquante livres, semblaient beaucoup trop.

Двадцять мішків борошна — кожен вагою п'ятдесят фунтів — здалися занадто великими.

Personne n'était prêt à ouvrir sa bourse et à risquer son argent.

Ніхто не бажав відкривати гаманець і ризикувати грошима.

Thornton s'agenouilla à côté de Buck et prit sa tête à deux mains.

Торнтон став навколішки поруч із Баком і взяв його голову обома руками.

Il pressa sa joue contre celle de Buck et lui parla à l'oreille.

Він притиснувся щокою до Бакової і промовив йому на вухо.

Il n'y avait plus de secousses enjouées ni d'insultes affectueuses murmurées.

Тепер не було жодного грайливого тряски чи шепоту любовних образ.

Il murmura simplement doucement : « Autant que tu m'aimes, Buck. »

Він лише тихо пробурмотів: «Як би ти мене не любив, Баку».

Buck émit un gémissement silencieux, son impatience à peine contenue.

Бак тихо заскиглив, ледве стримуючи своє нетерпіння.

Les spectateurs observaient avec curiosité la tension qui emplissait l'air.

Очільники з цікавістю спостерігали, як повітря наповнювало напруження.

Le moment semblait presque irréel, comme quelque chose qui dépassait la raison.

Цей момент здавався майже нереальним, ніби щось поза межами розумного.

Lorsque Thornton se leva, Buck prit doucement sa main dans ses mâchoires.

Коли Торнтон підвівся, Бак обережно взяв його руку в щелепи.

Il appuya avec ses dents, puis relâcha lentement et doucement.

Він натиснув зубами, а потім повільно та обережно відпустив.

C'était une réponse silencieuse d'amour, non prononcée, mais comprise.

Це була мовчазна відповідь кохання, не висловлена, а зрозуміла.

Thornton s'éloigna du chien et donna le signal.

Торнтон відійшов далеко від собаки та подав знак.

« Maintenant, Buck », dit-il, et Buck répondit avec un calme concentré.

«Ну ж бо, Баку», — сказав він, і Бак відповів зосередженим спокійним тоном.

Buck a resserré les traces, puis les a desserrées de quelques centimètres.

Бак спочатку затягнув мотузки, а потім послабив їх на кілька дюймів.

C'était la méthode qu'il avait apprise ; sa façon de briser le traîneau.

Це був метод, який він вивчив; його спосіб зламати сани.

« Tiens ! » cria Thornton, sa voix aiguë dans le silence pesant.

«Гей!» — крикнув Торнтон різким голосом у важкій тиші.

Buck se tourna vers la droite et se jeta de tout son poids.

Бак повернувся праворуч і зробив ривок щосили.

Le mou disparut et toute la masse de Buck heurta les lignes serrées.
Провисання зникло, і Бак усією своєю вагою вдарився об вузькі траси.
Le traîneau tremblait et les patins émettaient un bruit de crépitement.
Сани затремтіли, а полозки видали хрусткий тріск.
« Haw ! » ordonna Thornton, changeant à nouveau la direction de Buck.
«Гау!» — скомандував Торнтон, знову змінюючи напрямок Бака.
Buck répéta le mouvement, cette fois en tirant brusquement vers la gauche.
Бак повторив рух, цього разу різко потягнувши ліворуч.
Le traîneau craquait plus fort, les patins claquaient et se déplaçaient.
Сани тріщали голосніше, полозки клацали та зсувалися.
La lourde charge glissait légèrement latéralement sur la neige gelée.
Важкий вантаж трохи ковзав боком по замерзлому снігу.
Le traîneau s'était libéré de l'emprise du sentier glacé !
Санки вирвалися з обіймів крижаної стежки!
Les hommes retenaient leur souffle, ignorant qu'ils ne respiraient même pas.
Чоловіки затамували подих, навіть не усвідомлюючи, що вони не дихають.
« Maintenant, TIREZ ! » cria Thornton à travers le silence glacial.
«А тепер, ТЯГНІТЬ!» — крикнув Торнтон крізь крижану тишу.
L'ordre de Thornton résonna fort, comme le claquement d'un fouet.
Команда Торнтона пролунала різко, немов клацання батога.
Buck se jeta en avant avec un mouvement violent et saccadé.
Бак кинувся вперед лютим та різким випадом.

Tout son corps se tendit et se contracta sous l'énorme tension.
Все його тіло напружилося та стиснулося від величезного навантаження.
Des muscles ondulaient sous sa fourrure comme des serpents prenant vie.
М'язи напружувалися під його хутром, немов оживаючі змії.
Sa large poitrine était basse, la tête tendue vers l'avant en direction du traîneau.
Його пишні груди були низькими, голова витягнута вперед, до саней.
Ses pattes bougeaient comme l'éclair, ses griffes tranchant le sol gelé.
Його лапи рухалися, мов блискавка, кігті розсікали замерзлу землю.
Des rainures ont été creusées profondément alors qu'il luttait pour chaque centimètre de traction.
Канавки були глибокими, поки він боровся за кожен сантиметр зчеплення.
Le traîneau se balança, trembla et commença un mouvement lent et agité.
Санки захиталися, затремтіли й почали повільний, неспокійний рух.
Un pied a glissé et un homme dans la foule a gémi à haute voix.
Одна нога послизнулася, і чоловік у натовпі голосно застогнав.
Puis le traîneau s'élança en avant dans un mouvement saccadé et brusque.
Потім сани різко, різко помчали вперед.
Cela ne s'est pas arrêté à nouveau - un demi-pouce... un pouce... deux pouces de plus.
Воно знову не зупинилося — півдюйма... дюйм... ще два дюйми.
Les secousses devinrent plus faibles à mesure que le traîneau commençait à prendre de la vitesse.

Ривок стихав, коли сани почали набирати швидкість.
Bientôt, Buck tirait avec une puissance douce et régulière.
Невдовзі Бак тягнув з плавною, рівномірною, кочливою силою.
Les hommes haletèrent et finirent par se rappeler de respirer à nouveau.
Чоловіки ахнули і нарешті згадали знову дихати.
Ils n'avaient pas remarqué que leur souffle s'était arrêté de stupeur.
Вони не помітили, як у них перехопило подих від благоговіння.
Thornton courait derrière, lançant des ordres courts et joyeux.
Торнтон біг позаду, вигукуючи короткі, бадьорі команди.
Devant nous se trouvait une pile de bois de chauffage qui marquait la distance.
Попереду була купа дров, яка позначала відстань.
Alors que Buck s'approchait du tas, les acclamations devenaient de plus en plus fortes.
Коли Бак наближався до купи, оплески ставали дедалі голоснішими.
Les acclamations se sont transformées en rugissement lorsque Buck a dépassé le point d'arrivée.
Огуки переросли в рев, коли Бак минув кінцеву точку.
Les hommes ont sauté et crié, même Matthewson a esquissé un sourire.
Чоловіки підстрибували та кричали, навіть Метьюсон розплився в усмішці.
Les chapeaux volaient dans les airs, les mitaines étaient lancées sans réfléchir ni viser.
Капелюхи злітали в повітря, рукавиці жбурляли без роздумів і мети.
Les hommes se sont attrapés et se sont serré la main sans savoir à qui.
Чоловіки схопилися один за одного й потиснули руки, не знаючи кому.

Toute la foule bourdonnait d'une célébration folle et joyeuse.

Весь натовп гудів у шаленому, радісному святкуванні.

Thornton tomba à genoux à côté de Buck, les mains tremblantes.

Торнтон тремтячими руками опустився на коліна поруч із Баком.

Il pressa sa tête contre celle de Buck et le secoua doucement d'avant en arrière.

Він притиснув голову до Бака і легенько похитав його туди-сюди.

Ceux qui s'approchaient l'entendaient maudire le chien avec un amour silencieux.

Ті, хто підходив, чули, як він тихо проклинав собаку.

Il a insulté Buck pendant un long moment, doucement, chaleureusement, avec émotion.

Він довго лаявся на Бака — тихо, тепло, зворушено.

« Bien, monsieur ! Bien, monsieur ! » s'écria précipitamment le roi du Banc Skookum.

«Добре, сер! Добре, сер!» — поспішно вигукнув король лави Скукумів.

« Je vous donne mille, non, douze cents, pour ce chien, monsieur ! »

«Я дам вам тисячу… ні, двісті двісті… за цього собаку, сер!»

Thornton se leva lentement, les yeux brillants d'émotion.

Торнтон повільно підвівся на ноги, його очі сяяли емоціями.

Les larmes coulaient ouvertement sur ses joues sans aucune honte.

Сльози відкрито котилися по його щоках без жодного сорому.

« Monsieur », dit-il au roi du banc Skookum, ferme et posé.

«Пане», — сказав він королю лави Скукумів, твердо та непохитно

« Non, monsieur. Allez au diable, monsieur. C'est ma réponse définitive. »

«Ні, сер. Можете йти до біса, сер. Це моя остаточна відповідь».

Buck attrapa doucement la main de Thornton dans ses mâchoires puissantes.

Бак ніжно схопив руку Торнтона своїми міцними щелепами.

Thornton le secoua de manière enjouée, leur lien étant plus profond que jamais.

Торнтон грайливо потиснув його, їхній зв'язок був міцним, як ніколи.

La foule, émue par l'instant, recula en silence.

Натовп, зворушений моментом, мовчки відступив назад.

Dès lors, personne n'osa interrompre cette affection si sacrée.

Відтоді ніхто не смів переривати таку священну прихильність.

Le son de l'appel
Звук дзвінка

Buck avait gagné seize cents dollars en cinq minutes.
Бак заробив тисячу шістсот доларів за п'ять хвилин.
Cet argent a permis à John Thornton de payer une partie de ses dettes.
Ці гроші дозволили Джону Торнтону погасити частину своїх боргів.
Avec le reste de l'argent, il se dirigea vers l'Est avec ses partenaires.
З рештою грошей він вирушив на Схід разом зі своїми партнерами.
Ils cherchaient une mine perdue légendaire, aussi vieille que le pays lui-même.
Вони шукали легендарну загублену шахту, таку ж стару, як і сама країна.
Beaucoup d'hommes avaient cherché la mine, mais peu l'avaient trouvée.
Багато чоловіків шукали шахту, але мало хто її знайшов.
Plus d'un homme avait disparu au cours de cette quête dangereuse.
Під час небезпечних пошуків зникло чимало чоловіків.
Cette mine perdue était enveloppée à la fois de mystère et d'une vieille tragédie.
Ця втрачена шахта була оповита водночас таємницею та давньою трагедією.
Personne ne savait qui avait été le premier homme à découvrir la mine.
Ніхто не знав, хто першим знайшов шахту.
Les histoires les plus anciennes ne mentionnent personne par son nom.
У найдавніших оповідях не згадується нікого на ім'я.
Il y avait toujours eu là une vieille cabane délabrée.
Там завжди стояла стара, напівзруйнована хатина.
Des hommes mourants avaient juré qu'il y avait une mine à côté de cette vieille cabane.

Вмираючі клялися, що поруч із тією старою хатиною була шахта.

Ils ont prouvé leurs histoires avec de l'or comme on n'en trouve nulle part ailleurs.

Вони довели свої історії золотом, якого більше ніде не знайти.

Aucune âme vivante n'avait jamais pillé le trésor de cet endroit.

Жодна жива душа ніколи не пограбувала скарб з того місця.

Les morts étaient morts, et les morts ne racontent pas d'histoires.

Мертві були мертві, а мертві люди не розповідають історій.

Thornton et ses amis se dirigèrent donc vers l'Est.

Тож Торнтон та його друзі вирушили на Схід.

Pete et Hans se sont joints à eux, amenant Buck et six chiens forts.

Піт і Ганс приєдналися, привівши Бака та шістьох міцних собак.

Ils se sont lancés sur un chemin inconnu là où d'autres avaient échoué.

Вони вирушили невідомою стежкою, де інші зазнали невдачі.

Ils ont parcouru soixante-dix milles en traîneau sur le fleuve Yukon gelé.

Вони проїхали на санчатах сімдесят миль вгору по замерзлій річці Юкон.

Ils tournèrent à gauche et suivirent le sentier jusqu'au Stewart.

Вони повернули ліворуч і пішли стежкою до річки Стюарт.

Ils passèrent le Mayo et le McQuestion, poursuivant leur route.

Вони проїхали повз «Майо» та «МакКвістеншн» і продовжували рухатися далі.

Le Stewart s'est rétréci en un ruisseau, traversant des pics déchiquetés.
Стюарт перетворився на потік, що нишпорив між гострими вершинами.
Ces pics acérés marquaient l'épine dorsale même du continent.
Ці гострі вершини позначали сам хребет континенту.
John Thornton exigeait peu des hommes ou de la nature sauvage.
Джон Торнтон мало що вимагав від людей чи дикої землі.
Il ne craignait rien dans la nature et affrontait la nature sauvage avec aisance.
Він нічого не боявся в природі та легко сприймав дику природу.
Avec seulement du sel et un fusil, il pouvait voyager où il le souhaitait.
Маючи лише сіль та гвинтівку, він міг подорожувати, куди забажає.
Comme les indigènes, il chassait de la nourriture pendant ses voyages.
Як і тубільці, він полював на їжу під час подорожі.
S'il n'attrapait rien, il continuait, confiant en la chance qui l'attendait.
Якщо він нічого не зловив, то продовжував рухатися, покладаючись на удачу.
Au cours de ce long voyage, la viande était la principale nourriture qu'ils mangeaient.
Під час цієї довгої подорожі м'ясо було основною їжею, яку вони їли.
Le traîneau contenait des outils et des munitions, mais aucun horaire strict.
У санях було інструменти та боєприпаси, але суворого розкладу не було.
Buck adorait cette errance, la chasse et la pêche sans fin.
Бак любив ці мандрівки; нескінченне полювання та риболовлю.
Pendant des semaines, ils ont voyagé jour après jour.

Тижнями вони подорожували день за днем.
D'autres fois, ils établissaient des camps et restaient immobiles pendant des semaines.
Іншим разом вони розбивали табори і залишалися на місці тижнями.
Les chiens se reposaient pendant que les hommes creusaient dans la terre gelée.
Собаки відпочивали, поки чоловіки копали замерзлу землю.
Ils chauffaient des poêles sur des feux et cherchaient de l'or caché.
Вони гріли сковорідки на вогні та шукали заховане золото.
Certains jours, ils souffraient de faim, et d'autres jours, ils faisaient des festins.
Інколи вони голодували, а інколи влаштовували бенкети.
Leurs repas dépendaient du gibier et de la chance de la chasse.
Їхнє харчування залежало від дичини та удачі на полюванні.
Quand l'été arrivait, les hommes et les chiens chargeaient des charges sur leur dos.
Коли настало літо, чоловіки та собаки вантажили вантажі на спинах.
Ils ont fait du rafting sur des lacs bleus cachés dans des forêts de montagne.
Вони сплавлялися на плотах по блакитних озерах, захованих у гірських лісах.
Ils naviguaient sur des bateaux minces sur des rivières qu'aucun homme n'avait jamais cartographiées.
Вони плавали на вузьких човнах річками, які жодна людина ніколи не картографувала.
Ces bateaux ont été construits à partir d'arbres sciés dans la nature.
Ці човни були побудовані з дерев, які вони розпиляли в дикій природі.

Les mois passèrent et ils sillonnèrent des terres sauvages et inconnues.
Минали місяці, і вони петляли крізь дикі невідомі землі.
Il n'y avait pas d'hommes là-bas, mais de vieilles traces suggéraient qu'il y en avait eu.
Чоловіків там не було, проте старі сліди натякали на те, що чоловіки там були.
Si la Cabane Perdue était réelle, alors d'autres étaient déjà passés par là.
Якщо Загублена Хатина справжня, то цією стежкою колись проходили й інші.
Ils traversaient des cols élevés dans des blizzards, même pendant l'été.
Вони перетинали високі перевали у хуртовини, навіть влітку.
Ils frissonnaient sous le soleil de minuit sur les pentes nues des montagnes.
Вони тремтіли під опівнічним сонцем на голих гірських схилах.
Entre la limite des arbres et les champs de neige, ils montaient lentement.
Між лісовою смугою та сніговими полями вони повільно піднімалися вгору.
Dans les vallées chaudes, ils écrasaient des nuages de moucherons et de mouches.
У теплих долинах вони відлякували хмари комарів та мух.
Ils cueillaient des baies sucrées près des glaciers en pleine floraison estivale.
Вони збирали солодкі ягоди біля льодовиків у повному цвітінні влітку.
Les fleurs qu'ils ont trouvées étaient aussi belles que celles du Southland.
Квіти, які вони знайшли, були такі ж прекрасні, як і ті, що ростуть у Південній країні.
Cet automne-là, ils atteignirent une région solitaire remplie de lacs silencieux.

Тієї осені вони дісталися безлюдного краю, повного мовчазних озер.

La terre était triste et vide, autrefois pleine d'oiseaux et de bêtes.

Земля була сумною та порожньою, колись повною птахів та звірів.

Il n'y avait plus de vie, seulement le vent et la glace qui se formait dans les flaques.

Тепер там не було життя, лише вітер та лід, що утворювався в калюжах.

Les vagues s'écrasaient sur les rivages déserts avec un son doux et lugubre.

Хвилі з м'яким, тужливим звуком плескалися об порожні береги.

Un autre hiver arriva et ils suivirent à nouveau de vieux sentiers lointains.

Настала ще одна зима, і вони знову йшли ледь помітними старими стежками.

C'étaient les traces d'hommes qui les avaient cherchés bien avant eux.

Це були стежки людей, які шукали задовго до них.

Un jour, ils trouvèrent un chemin creusé profondément dans la forêt sombre.

Одного разу вони знайшли стежку, що прорізалася глибоко в темний ліс.

C'était un vieux sentier, et ils sentaient que la cabane perdue était proche.

Це була стара стежка, і вони відчували, що загублена хатина була близько.

Mais le sentier ne menait nulle part et s'enfonçait dans les bois épais.

Але стежка нікуди не віла і зникала в густому лісі.

Personne ne savait qui avait fait ce sentier et pourquoi.

Хто б не проклав цей шлях і чому, ніхто не знав.

Plus tard, ils ont trouvé l'épave d'un lodge caché parmi les arbres.

Пізніше вони знайшли залишки хатини, заховані серед дерев.

Des couvertures pourries gisaient éparpillées là où quelqu'un avait dormi.

Там, де колись хтось спав, лежали розкидані гнилі ковдри.

John Thornton a trouvé un fusil à silex à long canon enterré à l'intérieur.

Джон Торнтон знайшов усередині закопаний крем'яний ручний замок із довгим стволом.

Il savait qu'il s'agissait d'un fusil de la Baie d'Hudson depuis les premiers jours de son commerce.

Він знав, що це гармата Гудзонової затоки ще з перших днів торгівлі.

À cette époque, ces armes étaient échangées contre des piles de peaux de castor.

У ті часи такі рушниці вимінювали на купи бобрових шкур.

C'était tout : il ne restait aucune trace de l'homme qui avait construit le lodge.

Ось і все — не залишилося жодної натяку на людину, яка збудувала цей будиночок.

Le printemps est revenu et ils n'ont trouvé aucun signe de la Cabane Perdue.

Знову настала весна, а Загубленої Хатини вони не знайшли жодних ознак.

Au lieu de cela, ils trouvèrent une large vallée avec un ruisseau peu profond.

Натомість вони знайшли широку долину з неглибоким струмком.

L'or recouvrait le fond des casseroles comme du beurre jaune et lisse.

Золото лежало на дні сковорідок, немов гладке жовте масло.

Ils s'arrêtèrent là et ne cherchèrent plus la cabane.

Вони зупинилися там і більше не шукали хатину.

Chaque jour, ils travaillaient et trouvaient des milliers de pièces d'or en poudre.
Щодня вони працювали і знаходили тисячі в золотому пилу.

Ils ont emballé l'or dans des sacs de peau d'élan, de cinquante livres chacun.
Вони упакували золото в мішки з лосячої шкіри, по п'ятдесят фунтів кожен.

Les sacs étaient empilés comme du bois de chauffage à l'extérieur de leur petite loge.
Мішки були складені, як дрова, біля їхньої маленької хатини.

Ils travaillaient comme des géants et les jours passaient comme des rêves rapides.
Вони працювали як велетні, а дні минали, як швидкі сни.

Ils ont amassé des trésors au fil des jours sans fin.
Вони накопичували скарби, поки нескінченні дні швидко проносилися.

Les chiens n'avaient pas grand-chose à faire, à part transporter de la viande de temps en temps.
Собакам мало що залишалося робити, окрім як час від часу тягати м'ясо.

Thornton chassait et tuait le gibier, et Buck restait allongé près du feu.
Торнтон полював і вбивав дичину, а Бак лежав біля вогню.

Il a passé de longues heures en silence, perdu dans ses pensées et ses souvenirs.
Він проводив довгі години в мовчанні, заглиблений у думки та спогади.

L'image de l'homme poilu revenait de plus en plus souvent à l'esprit de Buck.
Образ волохатого чоловіка все частіше спливав у Бака в голові.

Maintenant que le travail se faisait rare, Buck rêvait en clignant des yeux devant le feu.
Тепер, коли роботи було мало, Бак мріяв, кліпаючи очима на вогонь.

Dans ces rêves, Buck errait avec l'homme dans un autre monde.

У тих снах Бак блукав з чоловіком в іншому світі.

La peur semblait être le sentiment le plus fort dans ce monde lointain.

Страх здавався найсильнішим почуттям у тому далекому світі.

Buck vit l'homme poilu dormir avec la tête baissée.

Бак побачив, як волохатий чоловік спав, низько схиливши голову.

Ses mains étaient jointes et son sommeil était agité et interrompu.

Його руки були сплетені, а сон був неспокійний і перерваний.

Il se réveillait en sursaut et regardait avec crainte dans le noir.

Він здригався і прокидався з переляку, вдивляючись у темряву.

Ensuite, il jetait plus de bois sur le feu pour garder la flamme vive.

Потім він підкидав ще дров у вогонь, щоб полум'я залишалося яскравим.

Parfois, ils marchaient le long d'une plage au bord d'une mer grise et infinie.

Іноді вони гуляли пляжем біля сірого, безкрайнього моря.

L'homme poilu ramassait des coquillages et les mangeait en marchant.

Волохатий чоловік збирав молюсків і їв їх на ходу.

Ses yeux cherchaient toujours des dangers cachés dans l'ombre.

Його очі завжди шукали прихованих небезпек у тіні.

Ses jambes étaient toujours prêtes à sprinter au premier signe de menace.

Його ноги завжди були готові бігти за перших ознак загрози.

Ils rampaient à travers la forêt, silencieux et méfiants, côte à côte.

Вони крались лісом, мовчки та обережно, пліч-о-пліч.
Buck le suivit sur ses talons, et tous deux restèrent vigilants.
Бак ішов за ним по п'ятах, і обидва залишалися напоготові.
Leurs oreilles frémissaient et bougeaient, leurs nez reniflaient l'air.
Їхні вуха сіпалися та рухалися, носи нюхали повітря.
L'homme pouvait entendre et sentir la forêt aussi intensément que Buck.
Чоловік чув і відчував запах лісу так само гостро, як`і Бак.
L'homme poilu se balançait à travers les arbres avec une vitesse soudaine.
Волохатий чоловік з раптовою швидкістю промчав крізь дерева.
Il sautait de branche en branche, sans jamais lâcher prise.
Він стрибав з гілки на гілку, ніколи не пропускаючи хватки.
Il se déplaçait aussi vite au-dessus du sol que sur celui-ci.
Він рухався так само швидко над землею, як і по ній.
Buck se souvenait des longues nuits passées sous les arbres, à veiller.
Бак згадував довгі ночі під деревами, коли він стежив за ними.
L'homme dormait perché dans les branches, s'accrochant fermement.
Чоловік спав, вмостившись на гілках, міцно притулившись.
Cette vision de l'homme poilu était étroitement liée à l'appel des profondeurs.
Це видіння волохатого чоловіка було тісно пов'язане з глибоким покликом.
L'appel résonnait toujours à travers la forêt avec une force obsédante.
Поклик все ще лунав крізь ліс з моторошною силою.
L'appel remplit Buck de désir et d'un sentiment de joie incessant.

Дзвінок сповнив Бака тугою та неспокійним відчуттям радості.

Il ressentait d'étranges pulsions et des frémissements qu'il ne pouvait nommer.

Він відчував дивні пориви та спонукання, які не міг назвати.

Parfois, il suivait l'appel au plus profond des bois tranquilles.

Іноді він йшов на поклик глибоко в тихий ліс.

Il cherchait l'appel, aboyant doucement ou fort au fur et à mesure.

Він шукав поклику, гавкаючи то тихо, то різко на ходу.

Il renifla la mousse et la terre noire où poussaient les herbes.

Він понюхав мох і чорний грунт, де росли трави.

Il renifla de plaisir aux riches odeurs de la terre profonde.

Він насолоджено пирхнув, вдихаючи насичений запах глибокої землі.

Il s'est accroupi pendant des heures derrière des troncs couverts de champignons.

Він годинами ховався за стовбурами, вкритими грибком.

Il resta immobile, écoutant les yeux écarquillés chaque petit bruit.

Він стояв нерухомо, широко розплющивши очі, прислухаючись до кожного найменшого звуку.

Il espérait peut-être surprendre la chose qui avait lancé l'appel.

Можливо, він сподівався здивувати ту істоту, яка зателефонувала.

Il ne savait pas pourquoi il agissait de cette façon, il le faisait simplement.

Він не знав, чому повівся так — він просто так робив.

Les pulsions venaient du plus profond de moi, au-delà de la pensée ou de la raison.

Ці спонукання йшли з глибини душі, з-поза меж думки чи розуму.

Des envies irrésistibles s'emparèrent de Buck sans avertissement ni raison.

Непереборні бажання опанували Бака без попередження чи причини.

Parfois, il somnolait paresseusement dans le camp sous la chaleur de midi.

Часом він ліниво дрімав у таборі під полуденною спекою.

Soudain, sa tête se releva et ses oreilles se dressèrent en alerte.

Раптом він підвів голову, а вуха насторожилися.

Puis il se leva d'un bond et se précipita dans la nature sans s'arrêter.

Потім він схопився і без зупинки кинувся в дику природу.

Il a couru pendant des heures à travers les sentiers forestiers et les espaces ouverts.

Він годинами бігав лісовими стежками та відкритими просторами.

Il aimait suivre les lits des ruisseaux asséchés et espionner les oiseaux dans les arbres.

Він любив стежити за висохлими руслами струмків і спостерігати за птахами на деревах.

Il pouvait rester caché toute la journée, à regarder les perdrix se pavaner.

Він міг цілий день лежати схований, спостерігаючи, як куріпки походжають навколо.

Ils tambourinaient et marchaient, inconscients de la présence de Buck.

Вони барабанили та марширували, не підозрюючи про все ще присутність Бака.

Mais ce qu'il aimait le plus, c'était courir au crépuscule en été.

Але найбільше він любив бігати влітку в сутінках.

La faible lumière et les bruits endormis de la forêt le remplissaient de joie.

Приглушене світло та сонні лісові звуки наповнювали його радістю.

Il lisait les panneaux forestiers aussi clairement qu'un homme lit un livre.

Він читав лісові знаки так само чітко, як людина читає книгу.
Et il cherchait toujours la chose étrange qui l'appelait.
І він завжди шукав ту дивну річ, яка кликала його.
Cet appel ne s'est jamais arrêté : il l'atteignait qu'il soit éveillé ou endormi.
Цей поклик ніколи не припинявся — він досягав його наяву чи уві сні.

Une nuit, il se réveilla en sursaut, les yeux perçants et les oreilles hautes.
Однієї ночі він прокинувся здригнувшись, з гострим зором і високо нашорошеними вухами.
Ses narines se contractaient tandis que sa crinière se dressait en vagues.
Його ніздрі сіпнулися, а грива хвилями стояла наїжачена.
Du plus profond de la forêt, le son résonna à nouveau, le vieil appel.
З глибини лісу знову долинув звук, старий поклик.
Cette fois, le son résonnait clairement, un hurlement long, obsédant et familier.
Цього разу звук пролунав чітко, довгим, нав'язливим, знайомим виттям.
C'était comme le cri d'un husky, mais d'un ton étrange et sauvage.
Це було схоже на крик хаскі, але дивне та дике за тоном.
Buck reconnut immédiatement le son – il avait entendu exactement le même son depuis longtemps.
Бак одразу впізнав звук — він чув той самий звук давно.
Il sauta à travers le camp et disparut rapidement dans les bois.
Він пристрибнув крізь табір і швидко зник у лісі.
Alors qu'il s'approchait du bruit, il ralentit et se déplaça avec précaution.
Наближаючись до звуку, він сповільнився та рухався обережно.
Bientôt, il atteignit une clairière entre d'épais pins.

Невдовзі він дістався галявини між густими соснами.
Là, debout sur ses pattes arrière, était assis un loup des bois grand et maigre.
Там, прямо на лапах, сидів високий, худий лісовий вовк.
Le nez du loup pointait vers le ciel, résonnant toujours de l'appel.
Вовчий ніс був спрямований до неба, все ще відлунюючи поклик.
Buck n'avait émis aucun son, mais le loup s'arrêta et écouta.
Бак не видав жодного звуку, проте вовк зупинився і прислухався.
Sentant quelque chose, le loup se tendit, scrutant l'obscurité.
Відчуваючи щось, вовк напружився, вдивляючись у темряву.
Buck apparut en rampant, le corps bas, les pieds immobiles sur le sol.
Бак непомітно з'явився в полі зору, пригнувшись, ногами стоячи на землі.
Sa queue était droite, son corps enroulé sous la tension.
Його хвіст був прямий, тіло міцно стиснуте від напруги.
Il a montré à la fois une menace et une sorte d'amitié brutale.
Він виявляв одночасно загрозу та своєрідну грубу дружбу.
C'était le salut prudent partagé par les bêtes sauvages.
Це було обережне вітання, яке поділяють дикі звірі.
Mais le loup se retourna et s'enfuit dès qu'il vit Buck.
Але вовк обернувся і втік, щойно побачив Бака.
Buck se lança à sa poursuite, sautant sauvagement, désireux de le rattraper.
Бак погнався за ним, шалено стрибаючи, прагнучи наздогнати його.
Il suivit le loup dans un ruisseau asséché bloqué par un embâcle.
Він пішов за вовком у пересохлий струмок, перекритий дерев'яним завалом.
Acculé, le loup se retourna et tint bon.
Загнаний у кут, вовк обернувся і завмер на місці.

Le loup grognait et claquait comme un chien husky pris au piège dans un combat.
Вовк загарчав і огризався, як спійманий хаскі в бійці.
Les dents du loup claquaient rapidement, son corps se hérissant d'une fureur sauvage.
Вовчі зуби швидко клацнули, його тіло аж стискалося від дикої люті.
Buck n'attaqua pas mais encercla le loup avec une gentillesse prudente.
Бак не атакував, а обережно та дружелюбно обійшов вовка.
Il a essayé de bloquer sa fuite par des mouvements lents et inoffensifs.
Він спробував заблокувати свою втечу повільними, нешкідливими рухами.
Le loup était méfiant et effrayé : Buck le dépassait trois fois.
Вовк був обережний і наляканий — Бак переважував його втричі.
La tête du loup atteignait à peine l'épaule massive de Buck.
Голова вовка ледве сягала масивного плеча Бака.
À l'affût d'une brèche, le loup s'est enfui et la poursuite a repris.
Спостерігаючи за проміжком, вовк кинувся тікати, і погоня почалася знову.
Plusieurs fois, Buck l'a coincé et la danse s'est répétée.
Кілька разів Бак заганяв його в кут, і танець повторювався.
Le loup était maigre et faible, sinon Buck n'aurait pas pu l'attraper.
Вовк був худий і слабкий, інакше Бак не зміг би його спіймати.
Chaque fois que Buck s'approchait, le loup se retournait et lui faisait face avec peur.
Щоразу, як Бак наближався, вовк обертався і злякано дивився йому в обличчя.
Puis, à la première occasion, il s'est précipité dans les bois une fois de plus.
Тоді за першої ж нагоди він знову кинувся в ліс.

Mais Buck n'a pas abandonné et finalement le loup a fini par lui faire confiance.
Але Бак не здавався, і врешті-решт вовк почав йому довіряти.
Il renifla le nez de Buck, et les deux devinrent joueurs et alertes.
Він понюхав Бака до носа, і вони вдвох стали грайливими та пильними.
Ils jouaient comme des animaux sauvages, féroces mais timides dans leur joie.
Вони гралися, як дикі звірі, люті, але водночас сором'язливі у своїй радості.
Au bout d'un moment, le loup s'éloigna au trot avec un calme déterminé.
Через деякий час вовк спокійно й цілеспрямовано побіг геть.
Il a clairement montré à Buck qu'il voulait être suivi.
Він чітко показав Баку, що має намір за ним стежити.
Ils couraient côte à côte dans l'obscurité du crépuscule.
Вони бігли пліч-о-пліч крізь сутінковий морок.
Ils suivirent le lit du ruisseau jusqu'à la gorge rocheuse.
Вони йшли руслом струмка вгору в скелясту ущелину.
Ils traversèrent une ligne de partage des eaux froide où le ruisseau avait pris sa source.
Вони перетнули холодну вододіл, де починався потік.
Sur la pente la plus éloignée, ils trouvèrent une vaste forêt et de nombreux ruisseaux.
На дальньому схилі вони знайшли широкий ліс і багато струмків.
À travers ce vaste territoire, ils ont couru pendant des heures sans s'arrêter.
Через цю неосяжну землю вони бігли годинами без зупинки.
Le soleil se leva plus haut, l'air devint chaud, mais ils continuèrent à courir.
Сонце піднялося вище, повітря потеплішало, але вони бігли далі.

Buck était rempli de joie : il savait qu'il répondait à son appel.

Бак був сповнений радості — він знав, що відповідає на своє покликання.

Il courut à côté de son frère de la forêt, plus près de la source de l'appel.

Він біг поруч зі своїм лісовим братом, ближче до джерела поклику.

De vieux sentiments sont revenus, puissants et difficiles à ignorer.

Старі почуття повернулися, сильні та важкі для ігнорування.

C'étaient les vérités derrière les souvenirs de ses rêves.

Це була правда, що стояла за спогадами з його снів.

Il avait déjà fait tout cela auparavant, dans un monde lointain et obscur.

Він уже робив усе це раніше у далекому й тіньовому світі.

Il recommença alors, courant librement avec le ciel ouvert au-dessus.

Тепер він знову це зробив, шалено бігаючи під відкритим небом угорі.

Ils s'arrêtèrent près d'un ruisseau pour boire l'eau froide qui coulait.

Вони зупинилися біля струмка, щоб напитися холодної проточної води.

Alors qu'il buvait, Buck se souvint soudain de John Thornton.

Поки Бак пив, він раптом згадав про Джона Торнтона.

Il s'assit en silence, déchiré par l'attrait de la loyauté et de l'appel.

Він мовчки сів, розриваючись між вірністю та покликанням.

Le loup continua à trotter, mais revint pour pousser Buck à avancer.

Вовк побіг далі риссю, але повернувся, щоб підштовхнути Бака вперед.

Il renifla son nez et essaya de le cajoler avec des gestes doux.

Він понюхав носом і спробував умовити його м'якими жестами.

Mais Buck se retourna et reprit le chemin par lequel il était venu.

Але Бак розвернувся і пішов назад тим самим шляхом, яким прийшов.

Le loup courut à côté de lui pendant un long moment, gémissant doucement.

Вовк довго біг поруч з ним, тихо скиглячи.

Puis il s'assit, leva le nez et poussa un long hurlement.

Потім він сів, задер носа і протяжно завив.

C'était un cri lugubre, qui s'adoucit à mesure que Buck s'éloignait.

Це був тужливий крик, який стихав, коли Бак відходив.

Buck écouta le son du cri s'estomper lentement dans le silence de la forêt.

Бак прислухався, як звук крику повільно затих у лісовій тиші.

John Thornton était en train de dîner lorsque Buck a fait irruption dans le camp.

Джон Торнтон саме вечеряв, коли Бак увірвався до табору.

Buck sauta sauvagement sur lui, le léchant, le mordant et le faisant culbuter.

Бак шалено стрибнув на нього, облизуючи, кусаючи та перекидаючи його.

Il l'a renversé, s'est hissé dessus et l'a embrassé sur le visage.

Він збив його з ніг, виліз наверх і поцілував його в обличчя.

Thornton appelait cela avec affection « jouer le fou du commun ».

Торнтон з ніжністю називав це «гранням у дурня».

Pendant tout ce temps, il maudissait doucement Buck et le secouait d'avant en arrière.

Весь цей час він ніжно лаяв Бака та тряс його туди-сюди.

Pendant deux jours et deux nuits entières, Buck n'a pas quitté le camp une seule fois.

Протягом двох цілих днів і ночей Бак жодного разу не виходив з табору.

Il est resté proche de Thornton et ne l'a jamais quitté des yeux.
Він тримався близько до Торнтона і ніколи не випускав його з поля зору.
Il le suivait pendant qu'il travaillait et le regardait pendant qu'il mangeait.
Він слідував за ним, коли той працював, і спостерігав, поки той їв.
Il voyait Thornton dans ses couvertures la nuit et dehors chaque matin.
Він бачив Торнтона вночі, закутаного в ковдри, і щоранку, коли той виходив.
Mais bientôt l'appel de la forêt revint, plus fort que jamais.
Але невдовзі лісовий поклик повернувся, голосніший, ніж будь-коли раніше.
Buck devint à nouveau agité, agité par les pensées du loup sauvage.
Бак знову занепокоївся, схвильований думками про дикого вовка.
Il se souvenait de la terre ouverte et de la course côte à côte.
Він пам'ятав відкриту місцевість і біг пліч-о-пліч.
Il commença à errer à nouveau dans la forêt, seul et alerte.
Він знову почав блукати лісом, сам і пильний.
Mais le frère sauvage ne revint pas et le hurlement ne fut pas entendu.
Але дикий брат не повернувся, і виття не було чути.
Buck a commencé à dormir dehors, restant absent pendant des jours.
Бак почав спати надворі, не маючи його цілими днями.
Une fois, il traversa la haute ligne de partage des eaux où le ruisseau commençait.
Одного разу він перетнув високий вододіл, де починався струмок.
Il entra dans le pays des bois sombres et des larges ruisseaux.
Він увійшов у край темних лісів та широких потоків.

Pendant une semaine, il a erré, à la recherche de signes de son frère sauvage.
Протягом тижня він блукав, шукаючи сліди дикого брата.
Il tuait sa propre viande et voyageait à grands pas, sans relâche.
Він забивав власну м'ясо та мандрував довгими, невтомними кроками.
Il pêchait le saumon dans une large rivière qui se jetait dans la mer.
Він ловив лосося в широкій річці, яка сягала моря.
Là, il combattit et tua un ours noir rendu fou par les insectes.
Там він бився і вбив чорного ведмедя, розлюченого комахами.
L'ours était en train de pêcher et courait aveuglément à travers les arbres.
Ведмідь ловив рибу і наосліп біг по деревах.
La bataille fut féroce, réveillant le profond esprit combatif de Buck.
Битва була запеклою, пробудивши глибокий бойовий дух Бака.
Deux jours plus tard, Buck est revenu et a trouvé des carcajous près de sa proie.
Через два дні Бак повернувся і знайшов росомах на місці своєї здобичі.
Une douzaine d'entre eux se disputaient la viande avec une fureur bruyante.
Кілька з них у гучній люті сварилися через м'ясо.
Buck chargea et les dispersa comme des feuilles dans le vent.
Бак кинувся в атаку та розвіяв їх, немов листя на вітрі.
Deux loups restèrent derrière, silencieux, sans vie et immobiles pour toujours.
Два вовки залишилися позаду — мовчазні, безжиттєві та нерухомі назавжди.
La soif de sang était plus forte que jamais.
Жага крові стала сильнішою, ніж будь-коли.

Buck était un chasseur, un tueur, se nourrissant de créatures vivantes.

Бак був мисливцем, убивцею, який харчувався живими істотами.

Il a survécu seul, en s'appuyant sur sa force et ses sens aiguisés.

Він вижив сам, покладаючись на свою силу та гостре чуття.

Il prospérait dans la nature, où seuls les plus résistants pouvaient vivre.

Він процвітав у дикій природі, де могли жити лише найвитриваліші.

De là, une grande fierté s'éleva et remplit tout l'être de Buck.

Від цього піднялася величезна гордість і сповнила всю істоту Бака.

Sa fierté se reflétait dans chacun de ses pas, dans le mouvement de chacun de ses muscles.

Його гордість проявлялася в кожному кроці, у зворушенні кожного м'яза.

Sa fierté était aussi claire qu'un discours, visible dans la façon dont il se comportait.

Його гордість була очевидна, як слово, що видно було з того, як він себе поводив.

Même son épais pelage semblait plus majestueux et brillait davantage.

Навіть його густе пальто виглядало величніше та сяяло яскравіше.

Buck aurait pu être confondu avec un loup géant.

Бака могли сплутати з велетенський лісовий вовк.

À l'exception du brun sur son museau et des taches au-dessus de ses yeux.

За винятком коричневого кольору на морді та плям над очима.

Et la traînée de fourrure blanche qui courait au milieu de sa poitrine.

І біла смуга хутра, що тягнулася посередині його грудей.

Il était encore plus grand que le plus grand loup de cette race féroce.

Він був навіть більший за найбільшого вовка тієї лютої породи.
Son père, un Saint-Bernard, lui a donné de la taille et une ossature lourde.
Його батько, сенбернар, дав йому розміри та міцну статуру.
Sa mère, une bergère, a façonné cette masse en forme de loup.
Його мати, пастушка, надала цій туші вовкоподібну форму.
Il avait le long museau d'un loup, bien que plus lourd et plus large.
У нього була довга вовча морда, хоча й важча та ширша.
Sa tête était celle d'un loup, mais construite à une échelle massive et majestueuse.
Його голова була вовчою, але масивної, величної статури.
La ruse de Buck était la ruse du loup et de la nature.
Хитрість Бака була хитрістю вовка та дикої природи.
Son intelligence lui vient à la fois du berger allemand et du Saint-Bernard.
Його інтелект походив як від німецької вівчарки, так і від сенбернара.
Tout cela, ajouté à une expérience difficile, faisait de lui une créature redoutable.
Все це, плюс суворий досвід, зробило його грізною істотою.
Il était aussi redoutable que n'importe quelle bête qui parcourait les régions sauvages du nord.
Він був таким же грізним, як і будь-який звір, що бродив північною дикістю.
Ne se nourrissant que de viande, Buck a atteint le sommet de sa force.
Живучи лише м'ясом, Бак досяг повного піку своєї сили.
Il débordait de puissance et de force masculine dans chaque fibre de son être.
Він переповнював силу та чоловічу силу кожною своєю клітиною.

Lorsque Thornton lui caressait le dos, ses poils brillaient d'énergie.
Коли Торнтон погладив його по спині, волосся заіскрилося енергією.
Chaque cheveu crépitait, chargé du contact du magnétisme vivant.
Кожна волосинка потріскувала, заряджена дотиком живого магнетизму.
Son corps et son cerveau étaient réglés sur le ton le plus fin possible.
Його тіло і мозок були налаштовані на найтонший можливий звук.
Chaque nerf, chaque fibre et chaque muscle fonctionnaient en parfaite harmonie.
Кожен нерв, волокно та м'яз працювали в ідеальній гармонії.
À tout son ou toute vue nécessitant une action, il répondait instantanément.
На будь-який звук чи образ, що вимагав дії, він реагував миттєво.
Si un husky sautait pour attaquer, Buck pouvait sauter deux fois plus vite.
Якби хаскі стрибнув для атаки, Бак міг би стрибнути вдвічі швидше.
Il a réagi plus vite que les autres ne pouvaient le voir ou l'entendre.
Він відреагував швидше, ніж інші могли його побачити чи почути.
La perception, la décision et l'action se sont produites en un seul instant fluide.
Сприйняття, рішення та дія з'явилися в один плавний момент.
En vérité, ces actes étaient distincts, mais trop rapides pour être remarqués.
Насправді, ці дії були окремими, але надто швидкими, щоб їх помітити.

Les intervalles entre ces actes étaient si brefs qu'ils semblaient n'en faire qu'un.
Проміжки між цими діями були настільки короткими, що вони здавалися одним цілим.
Ses muscles et son être étaient comme des ressorts étroitement enroulés.
Його м'язи та тіло були схожі на туго натягнуті пружини.
Son corps débordait de vie, sauvage et joyeux dans sa puissance.
Його тіло вирувало життям, дике та радісне у своїй силі.
Parfois, il avait l'impression que la force allait jaillir de lui entièrement.
Часом йому здавалося, що вся ця сила ось-ось вирветься з нього повністю.
« Il n'y a jamais eu un tel chien », a déclaré Thornton un jour tranquille.
«Ніколи не було такого собаки», — сказав Торнтон одного тихого дня.
Les partenaires regardaient Buck sortir fièrement du camp.
Партнери спостерігали, як Бак гордо крокував з табору.
« Lorsqu'il a été créé, il a changé ce que pouvait être un chien », a déclaré Pete.
«Коли його створили, він змінив те, ким може бути собака», — сказав Піт.
« Par Jésus ! Je le pense moi-même », acquiesça rapidement Hans.
«Боже мій! Я й сам так думаю», — швидко погодився Ганс.
Ils l'ont vu s'éloigner, mais pas le changement qui s'est produit après.
Вони бачили, як він відійшов, але не бачили зміни, яка сталася потім.
Dès qu'il est entré dans les bois, Buck s'est complètement transformé.
Щойно Бак увійшов до лісу, він повністю перетворився.
Il ne marchait plus, mais se déplaçait comme un fantôme sauvage parmi les arbres.

Він більше не крокував, а рухався, як дикий привид серед дерев.
Il devint silencieux, les pieds comme un chat, une lueur traversant les ombres.
Він замовк, ступаючи, як котячі ноги, немов проблиск крізь тіні.
Il utilisait la couverture avec habileté, rampant sur le ventre comme un serpent.
Він вміло користувався укриттям, повзаючи на животі, як змія.
Et comme un serpent, il pouvait bondir en avant et frapper en silence.
І, як змія, він міг стрибнути вперед і вдарити безшумно.
Il pourrait voler un lagopède directement dans son nid caché.
Він міг вкрасти куріпку прямо з її захованого гнізда.
Il a tué des lapins endormis sans un seul bruit.
Він убивав сплячих кроликів без жодного звуку.
Il pouvait attraper des tamias en plein vol alors qu'ils fuyaient trop lentement.
Він міг ловити бурундуків у повітрі, коли ті тікали надто повільно.
Même les poissons dans les bassins ne pouvaient échapper à ses attaques soudaines.
Навіть риба в калюжах не могла уникнути його раптових ударів.
Même les castors astucieux qui réparaient les barrages n'étaient pas à l'abri de lui.
Навіть розумні бобри, що лагодили дамби, не були від нього в безпеці.
Il tuait pour se nourrir, pas pour le plaisir, mais il préférait tuer ses propres victimes.
Він вбивав заради їжі, а не заради розваги, але найбільше любив власні вбивства.
Pourtant, un humour sournois traversait certaines de ses chasses silencieuses.

І все ж, деякі з його мовчазних полювань пронизували лукаві почуття.
Il s'est approché des écureuils, mais les a laissés s'échapper.
Він підкрався близько до білок, але дав їм втекти.
Ils allaient fuir vers les arbres, bavardant dans une rage effrayée.
Вони збиралися втекти до дерев, галасуючи від жахливого обурення.
À l'arrivée de l'automne, les orignaux ont commencé à apparaître en plus grand nombre.
З настанням осені лосі почали з'являтися у більшій кількості.
Ils se sont déplacés lentement vers les basses vallées pour affronter l'hiver.
Вони повільно просувалися в низькі долини, щоб зустріти зиму.
Buck avait déjà abattu un jeune veau errant.
Бак уже встиг збити одне молоде, безпритульне теля.
Mais il aspirait à affronter des proies plus grandes et plus dangereuses.
Але він прагнув зіткнутися з більшою, небезпечнішою здобиччю.
Un jour, à la ligne de partage des eaux, à la tête du ruisseau, il trouva sa chance.
Одного дня на вододілі, біля витоків струмка, він знайшов свій шанс.
Un troupeau de vingt orignaux avait traversé des terres boisées.
Стадо з двадцяти лосів перейшло з лісистих угідь.
Parmi eux se trouvait un puissant taureau, le chef du groupe.
Серед них був могутній бик; ватажок групи.
Le taureau mesurait plus de six pieds de haut et avait l'air féroce et sauvage.
Бик сягав понад шість футів на зріст і виглядав лютим та диким.
Il lança ses larges bois, quatorze pointes se ramifiant vers l'extérieur.

Він розкинув свої широкі роги, чотирнадцять кінчиків яких розгалужувалися назовні.
Les extrémités de ces bois s'étendaient sur sept pieds de large.
Кінчики цих рогів простягалися на сім футів завширшки.
Ses petits yeux brûlaient de rage lorsqu'il aperçut Buck à proximité.
Його маленькі очі палали люттю, коли він помітив Бака неподалік.
Il poussa un rugissement furieux, tremblant de fureur et de douleur.
Він видав лютий рев, тремтячи від люті та болю.
Une pointe de flèche sortait près de son flanc, empennée et pointue.
Біля його бока стирчав кінець стріли, оперений та гострий.
Cette blessure a contribué à expliquer son humeur sauvage et amère.
Ця рана допомагала пояснити його дикий, озлоблений настрій.
Buck, guidé par un ancien instinct de chasseur, a fait son mouvement.
Бак, керований давнім мисливським інстинктом, зробив свій хід.
Son objectif était de séparer le taureau du reste du troupeau.
Він мав на меті відокремити бика від решти стада.
Ce n'était pas une tâche facile : il fallait de la rapidité et une ruse féroce.
Це було нелегке завдання — потрібні були швидкість і люта хитрість.
Il aboyait et dansait près du taureau, juste hors de portée.
Він гавкав і танцював біля бика, трохи поза межами досяжності.
L'élan s'est précipité avec d'énormes sabots et des bois mortels.
Лось кинувся вперед, використовуючи величезні копита та смертоносні роги.

Un seul coup aurait pu mettre fin à la vie de Buck en un clin d'œil.
Один удар міг би вмить обірвати життя Бака.
Incapable de laisser la menace derrière lui, le taureau devint fou.
Не в змозі залишити загрозу позаду, бик розлютився.
Il chargea avec fureur, mais Buck s'échappa toujours.
Він люто кинувся в атаку, але Бак завжди вислизав.
Buck simula une faiblesse, l'attirant plus loin du troupeau.
Бак удавав слабкість, відманюючи його далі від стада.
Mais les jeunes taureaux allaient charger pour protéger le leader.
Але молоді бики збиралися кинутися у відповідь, щоб захистити лідера.
Ils ont forcé Buck à battre en retraite et le taureau à rejoindre le groupe.
Вони змусили Бака відступити, а бика — приєднатися до групи.
Il y a une patience dans la nature, profonde et imparable.
У дикій природі панує терпіння, глибоке та нестримне.
Une araignée attend immobile dans sa toile pendant d'innombrables heures.
Павук нерухомо чекає у своїй павутині незліченну кількість годин.
Un serpent s'enroule sans tressaillement et attend que son heure soit venue.
Змія звивається клубком, не сіпаючись, і чекає, поки настане час.
Une panthère se tient en embuscade, jusqu'à ce que le moment arrive.
Пантера чатує в засідці, поки не настане слушний момент.
C'est la patience des prédateurs qui chassent pour survivre.
Це терпіння хижаків, які полюють, щоб вижити.
Cette même patience brûlait à l'intérieur de Buck alors qu'il restait proche.
Те саме терпіння палало в Баку, поки він залишався поруч.

Il resta près du troupeau, ralentissant sa marche et suscitant la peur.
Він тримався біля стада, уповільнюючи його хід і сіяючи страх.

Il taquinait les jeunes taureaux et harcelait les vaches mères.
Він дражнив молодих биків і переслідував корів-матерей.

Il a plongé le taureau blessé dans une rage encore plus profonde et impuissante.
Він довів пораненого бика до ще глибшої, безпорадної люті.

Pendant une demi-journée, le combat s'est prolongé sans aucun répit.
Півдня бій тривав без жодної перерви.

Buck attaquait sous tous les angles, rapide et féroce comme le vent.
Бак атакував з усіх боків, швидкий і лютий, як вітер.

Il a empêché le taureau de se reposer ou de se cacher avec son troupeau.
Він не давав бику відпочити чи сховатися разом зі своїм табуном.

Le cerf a épuisé la volonté de l'élan plus vite que son corps.
Бак вимотував волю лося швидше, ніж його тіло.

La journée passa et le soleil se coucha bas dans le ciel du nord-ouest.
День минув, і сонце низько опустилося на північно-західному небі.

Les jeunes taureaux revinrent plus lentement pour aider leur chef.
Молоді бики поверталися повільніше, щоб допомогти своєму ватажку.

Les nuits d'automne étaient revenues et l'obscurité durait désormais six heures.
Повернулися осінні ночі, і темрява тепер тривала шість годин.

L'hiver les poussait vers des vallées plus sûres et plus chaudes.
Зима тиснула їх униз, у безпечніші, тепліші долини.

Mais ils ne pouvaient toujours pas échapper au chasseur qui les retenait.

Але вони все ще не могли втекти від мисливця, який їх стримував.

Une seule vie était en jeu : pas celle du troupeau, mais celle de leur chef.

На кону було лише одне життя — не життя стада, а лише життя їхнього ватажка.

Cela rendait la menace lointaine et non leur préoccupation urgente.

Це робило загрозу далекою та не такою, що їх турбувала нагально.

Au fil du temps, ils ont accepté ce prix et ont laissé Buck prendre le vieux taureau.

З часом вони погодилися на цю ціну і дозволили Баку взяти старого бика.

Alors que le crépuscule s'installait, le vieux taureau se tenait debout, la tête baissée.

Коли сутінки опустилися, старий бик стояв, опустивши голову.

Il regarda le troupeau qu'il avait conduit disparaître dans la lumière déclinante.

Він спостерігав, як стадо, яке він очолював, зникає у згасаючому світлі.

Il y avait des vaches qu'il avait connues, des veaux qu'il avait autrefois engendrés.

Там були корови, яких він знав, телята, яких він колись був батьком.

Il y avait des taureaux plus jeunes qu'il avait combattus et dominés au cours des saisons précédentes.

Були молодші бики, з якими він бився та правив у минулих сезонах.

Il ne pouvait pas les suivre, car Buck était à nouveau accroupi devant lui.

Він не міг іти за ними, бо перед ним знову присів Бак.

La terreur impitoyable aux crocs bloquait tous les chemins qu'il pouvait emprunter.

Безжальний ікластий жах перегороджував йому кожен шлях.
Le taureau pesait plus de trois cents livres de puissance dense.
Бик важив понад три центнери щільної сили.
Il avait vécu longtemps et s'était battu avec acharnement dans un monde de luttes.
Він прожив довго і наполегливо боровся у світі боротьби.
Mais maintenant, à la fin, la mort venait d'une bête bien en dessous de lui.
І все ж тепер, зрештою, смерть прийшла від звіра, який був набагато нижчим за нього.
La tête de Buck n'atteignait même pas les énormes genoux noueux du taureau.
Голова Бака навіть не піднялася до величезних, згорблених колін бика.
À partir de ce moment, Buck resta avec le taureau nuit et jour.
З того моменту Бак залишався з биком день і ніч.
Il ne lui a jamais laissé de repos, ne lui a jamais permis de brouter ou de boire.
Він ніколи не давав йому спокою, ніколи не дозволяв пастися чи пити.
Le taureau a essayé de manger de jeunes pousses de bouleau et des feuilles de saule.
Бик намагався поїсти молоді березові пагони та листя верби.
Mais Buck le repoussa, toujours alerte et toujours attaquant.
Але Бак відігнав його, завжди напоготові та завжди атакуючи.
Même dans les ruisseaux qui ruisselaient, Buck bloquait toute tentative assoiffée.
Навіть біля струмків, що стікали по дзижчах, Бак блокував кожну спраглу спробу.
Parfois, par désespoir, le taureau s'enfuyait à toute vitesse.
Іноді, у відчаї, бик тікав щодуху.

Buck le laissa courir, galopant calmement juste derrière, jamais très loin.
Бак дозволив йому бігти, він спокійно біг позаду, ніколи не відставав далеко.
Lorsque l'élan s'arrêta, Buck s'allongea, mais resta prêt.
Коли лось зупинився, Бак ліг, але залишився напоготові.
Si le taureau essayait de manger ou de boire, Buck frappait avec une fureur totale.
Якщо бик намагався їсти чи пити, Бак ударяв з усією люттю.
La grosse tête du taureau s'affaissait sous ses vastes bois.
Величезна голова бика опустилася нижче під його величезними рогами.
Son rythme ralentit, le trot devint lourd, une marche trébuchante.
Його крок сповільнився, рись стала важкою; повільна хода.
Il restait souvent immobile, les oreilles tombantes et le nez au sol.
Він часто стояв нерухомо, опустивши вуха та притиснувши носа до землі.
Pendant ces moments-là, Buck prenait le temps de boire et de se reposer.
У ці моменти Бак знаходив час, щоб випити та відпочити.
La langue tirée, les yeux fixés, Buck sentait que la terre était en train de changer.
Висунувши язика, втупившись у очі, Бак відчув, як змінюється місцевість.
Il sentit quelque chose de nouveau se déplacer dans la forêt et dans le ciel.
Він відчув щось нове, що рухалося лісом і небом.
Avec le retour des orignaux, d'autres créatures sauvages ont fait de même.
Коли повернулися лосі, повернулися й інші дикі істоти.
La terre semblait vivante, avec une présence invisible mais fortement connue.
Земля ожила своєю присутністю, невидима, але водночас дуже відома.

Ce n'était ni par l'ouïe, ni par la vue, ni par l'odorat que Buck le savait.
Бак знав це не за звуком, не за зірком, не за запахом.
Un sentiment plus profond lui disait que de nouvelles forces étaient en mouvement.
Глибше відчуття підказувало йому, що рухаються нові сили.
Une vie étrange s'agitait dans les bois et le long des ruisseaux.
Дивне життя вирувало лісами та вздовж струмків.
Il a décidé d'explorer cet esprit, une fois la chasse terminée.
Він вирішив дослідити цього духа після завершення полювання.
Le quatrième jour, Buck a finalement abattu l'élan.
На четвертий день Бак нарешті збив лося.
Il est resté près de la proie pendant une journée et une nuit entières, se nourrissant et se reposant.
Він залишався біля здобичі цілий день і ніч, годуючи та відпочиваючи.
Il mangea, puis dormit, puis mangea à nouveau, jusqu'à ce qu'il soit fort et rassasié.
Він їв, потім спав, потім знову їв, доки не зміцнів і не наситився.
Lorsqu'il fut prêt, il retourna vers le camp et Thornton.
Коли він був готовий, він повернувся до табору та Торнтона.
D'un pas régulier, il commença le long voyage de retour vers la maison.
Рівномірним кроком він розпочав довгу зворотну подорож додому.
Il courait d'un pas infatigable, heure après heure, sans jamais s'égarer.
Він невтомно біг, година за годиною, ні разу не збившись з дороги.
À travers des terres inconnues, il se déplaçait droit comme l'aiguille d'une boussole.

Крізь невідомі землі він рухався прямолінійно, як стрілка компаса.

Son sens de l'orientation faisait paraître l'homme et la carte faibles en comparaison.

Його відчуття напрямку робило людину та карту слабкими в порівнянні.

Tandis que Buck courait, il sentait plus fortement l'agitation dans la terre sauvage.

Коли Бак біг, він дедалі сильніше відчував ворух у дикій місцевості.

C'était un nouveau genre de vie, différent de celui des mois calmes de l'été.

Це було нове життя, не схоже на життя тихих літніх місяців.

Ce sentiment n'était plus un message subtil ou distant.

Це відчуття більше не приходило як ледь помітне чи віддалене послання.

Maintenant, les oiseaux parlaient de cette vie et les écureuils en bavardaient.

Тепер птахи говорили про це життя, а білки цокали про нього.

Même la brise murmurait des avertissements à travers les arbres silencieux.

Навіть вітерець шепотів попередження крізь мовчазні дерева.

Il s'arrêta à plusieurs reprises et respira l'air frais du matin.

Кілька разів він зупинявся і вдихав свіже ранкове повітря.

Il y lut un message qui le fit bondir plus vite en avant.

Він прочитав там повідомлення, яке змусило його швидше стрибнути вперед.

Un lourd sentiment de danger l'envahit, comme si quelque chose s'était mal passé.

Його охопило важке відчуття небезпеки, ніби щось пішло не так.

Il craignait qu'une catastrophe ne se produise – ou ne soit déjà arrivée.

Він боявся, що лихо наближається — або вже настало.

Il franchit la dernière crête et entra dans la vallée en contrebas.
Він перетнув останній хребет і увійшов у долину внизу.
Il se déplaçait plus lentement, alerte et prudent à chaque pas.
Він рухався повільніше, пильніше та обережніше з кожним кроком.
À trois milles de là, il trouva une piste fraîche qui le fit se raidir.
За три милі він знайшов свіжий слід, який змусив його заціпеніти.
Les cheveux le long de son cou ondulaient et se hérissaient d'alarme.
Волосся на його шиї стало дибки та хвилястим від тривоги.
Le sentier menait directement au camp où Thornton attendait.
Стежка вела прямо до табору, де чекав Торнтон.
Buck se déplaçait désormais plus rapidement, sa foulée à la fois silencieuse et rapide.
Бак тепер рухався швидше, його кроки були водночас безшумними та швидкими.
Ses nerfs se sont resserrés lorsqu'il a lu des signes que d'autres allaient manquer.
Його нерви напружилися, коли він побачив ознаки, які інші пропустять.
Chaque détail du sentier racontait une histoire, sauf le dernier morceau.
Кожна деталь на стежці розповідала історію, окрім останньої.
Son nez lui parlait de la vie qui s'était déroulée ici.
Його ніс розповідав йому про життя, що минуло тут.
L'odeur lui donnait une image changeante alors qu'il le suivait de près.
Запах змінював його картину, коли він йшов одразу за ними.
Mais la forêt elle-même était devenue silencieuse, anormalement immobile.

Але сам ліс затих; він був неприродно нерухомий.
Les oiseaux avaient disparu, les écureuils étaient cachés, silencieux et immobiles.
Птахи зникли, білки сховалися, мовчазні та нерухомі.
Il n'a vu qu'un seul écureuil gris, allongé sur un arbre mort.
Він побачив лише одну сіру білку, що лежала на мертвому дереві.
L'écureuil se fondait dans la masse, raide et immobile comme une partie de la forêt.
Білка злилася з натовпом, заціпеніла та нерухома, ніби частина лісу.
Buck se déplaçait comme une ombre, silencieux et sûr à travers les arbres.
Бак рухався, як тінь, безшумно та впевнено, крізь дерева.
Son nez se souleva sur le côté comme s'il était tiré par une main invisible.
Його ніс смикнувся вбік, ніби його смикнула невидима рука.
Il se retourna et suivit la nouvelle odeur jusqu'au plus profond d'un fourré.
Він повернувся і пішов за новим запахом глибоко в хащі.
Là, il trouva Nig, étendu mort, transpercé par une flèche.
Там він знайшов Ніга, що лежав мертвим, пронизаним стрілою.
La flèche traversa son corps, laissant encore apparaître ses plumes.
Стріла пройшла крізь його тіло, пір'я все ще було видно.
Nig s'était traîné jusqu'ici, mais il était mort avant d'avoir pu obtenir de l'aide.
Ніг дотягнувся туди сам, але помер, не дочекавшись допомоги.
Une centaine de mètres plus loin, Buck trouva un autre chien de traîneau.
За сто ярдів далі Бак знайшов ще одного їздового собаку.
C'était un chien que Thornton avait racheté à Dawson City.
Це був собака, якого Торнтон купив ще в Доусон-Сіті.

Le chien était en proie à une lutte à mort, se débattant violemment sur le sentier.
Собака щосили бився на стежці, борсаючись на смертельній небезпеці.
Buck le contourna sans s'arrêter, les yeux fixés devant lui.
Бак обійшов його, не зупиняючись, втупившись уперед.
Du côté du camp venait un chant lointain et rythmé.
З боку табору долинав далекий ритмічний спів.
Les voix s'élevaient et retombaient sur un ton étrange, inquiétant et chantant.
Голоси піднімалися та стихали дивним, моторошним, співучим тоном.
Buck rampa jusqu'au bord de la clairière en silence.
Бак мовчки повз до краю галявини.
Là, il vit Hans étendu face contre terre, percé de nombreuses flèches.
Там він побачив Ганса, що лежав обличчям донизу, пронизаного безліччю стріл.
Son corps ressemblait à celui d'un porc-épic, hérissé de plumes.
Його тіло було схоже на дикобраза, вкрите пір'ям.
Au même moment, Buck regarda vers le pavillon en ruine.
Тієї ж миті Бак подивився в бік зруйнованої хатини.
Cette vue lui fit dresser les cheveux sur la nuque et les épaules.
Від цього видовища волосся стало дибки на його шиї та плечах.
Une tempête de rage sauvage parcourut tout le corps de Buck.
Буря дикої люті прокотилася по всьому тілу Бака.
Il grogna à haute voix, même s'il ne savait pas qu'il l'avait fait.
Він голосно загарчав, хоча й не знав, що це сталося.
Le son était brut, rempli d'une fureur terrifiante et sauvage.
Звук був сирим, сповненим жахливої, дикунської люті.
Pour la dernière fois de sa vie, Buck a perdu la raison au profit de l'émotion.

Востаннє у своєму житті Бак втратив розум для емоцій.
C'est l'amour pour John Thornton qui a brisé son contrôle minutieux.
Саме кохання до Джона Торнтона порушило його ретельне самовладання.
Les Yeehats dansaient autour de la hutte en épicéa détruite.
Йіхати танцювали навколо зруйнованого ялинового будиночка.
Puis un rugissement retentit et une bête inconnue chargea vers eux.
Потім пролунав рев — і невідомий звір кинувся на них.
C'était Buck ; une fureur en mouvement ; une tempête vivante de vengeance.
Це був Бак; лють у русі; жива буря помсти.
Il se jeta au milieu d'eux, fou du besoin de tuer.
Він кинувся до них, божевільний від бажання вбивати.
Il sauta sur le premier homme, le chef Yeehat, et frappa juste.
Він стрибнув на першого чоловіка, вождя йехатів, і вдарив прямо в ціль.
Sa gorge fut déchirée et du sang jaillit à flots.
Його горло було розірване, і кров хлинула струмком.
Buck ne s'arrêta pas, mais déchira la gorge de l'homme suivant d'un seul bond.
Бак не зупинився, а одним стрибком розірвав горло наступному чоловікові.
Il était inarrêtable : il déchirait, taillait, ne s'arrêtait jamais pour se reposer.
Він був невпинний — рвів, рубав, ніколи не зупинявся на відпочинок.
Il s'élança et bondit si vite que leurs flèches ne purent l'atteindre.
Він кинувся та стрибнув так швидко, що їхні стріли не могли його зачепити.
Les Yeehats étaient pris dans leur propre panique et confusion.
Їхати були охоплені власною панікою та розгубленістю.

Leurs flèches manquèrent Buck et se frappèrent l'une l'autre à la place.
Їхні стріли промахнулися невдало, а влучили одна в одну.
Un jeune homme a lancé une lance sur Buck et a touché un autre homme.
Один юнак кинув спис у Бака та вдарив іншого чоловіка.
La lance lui transperça la poitrine, la pointe lui transperçant le dos.
Спис пронизав його груди, вістря вибило спину.
La terreur s'empara des Yeehats et ils se mirent en retraite.
Жах охопив йіхатів, і вони почали повністю відступати.
Ils crièrent à l'Esprit Maléfique et s'enfuirent dans les ombres de la forêt.
Вони закричали, накричавши на Злого Духа, і втекли в лісові тіні.
Vraiment, Buck était comme un démon alors qu'il poursuivait les Yeehats.
Справді, Бак був схожий на демона, коли переслідував Йіхатів.
Il les poursuivit à travers la forêt, les faisant tomber comme des cerfs.
Він мчав за ними крізь ліс, збиваючи їх з ніг, немов оленів.
Ce fut un jour de destin et de terreur pour les Yeehats effrayés.
Це став день долі та жаху для переляканих йіхатів.
Ils se dispersèrent à travers le pays, fuyant au loin dans toutes les directions.
Вони розбіглися по всій землі, тікаючи в усіх напрямках.
Une semaine entière s'est écoulée avant que les derniers survivants ne se retrouvent dans une vallée.
Минув цілий тиждень, перш ніж останні вижили зустрілися в долині.
Ce n'est qu'alors qu'ils ont compté leurs pertes et parlé de ce qui s'était passé.
Тільки тоді вони підрахували свої втрати та розповіли про те, що сталося.

Buck, après s'être lassé de la chasse, retourna au camp en ruine.
Бак, втомившись від погоні, повернувся до зруйнованого табору.
Il a trouvé Pete, toujours dans ses couvertures, tué lors de la première attaque.
Він знайшов Піта, все ще в ковдрах, убитим під час першого нападу.
Les signes du dernier combat de Thornton étaient marqués dans la terre à proximité.
Сліди останньої боротьби Торнтона були позначені на землі неподалік.
Buck a suivi chaque trace, reniflant chaque marque jusqu'à un point final.
Бак пройшов кожен слід, обнюхуючи кожну позначку до останньої точки.
Au bord d'un bassin profond, il trouva le fidèle Skeet, allongé immobile.
На краю глибокої ставкової затоки він знайшов вірного Скіта, який лежав нерухомо.
La tête et les pattes avant de Skeet étaient dans l'eau, immobiles dans la mort.
Голова та передні лапи Скіта були у воді, нерухомі, як смерть.
La piscine était boueuse et contaminée par les eaux de ruissellement provenant des écluses.
Басейн був каламутний і забруднений стоками зі шлюзових коробок.
Sa surface nuageuse cachait ce qui se trouvait en dessous, mais Buck connaissait la vérité.
Його хмарна поверхня приховувала те, що лежало під нею, але Бак знав правду.
Il a suivi l'odeur de Thornton dans la piscine, mais l'odeur ne menait nulle part ailleurs.
Він відстежив запах Торнтона аж до басейну, але запах більше нікуди не вів.

Aucune odeur ne menait à l'extérieur, seulement le silence des eaux profondes.
Не було чути жодного запаху — лише тиша глибокої води.

Toute la journée, Buck resta près de la piscine, arpentant le camp avec chagrin.
Весь день Бак провів біля ставу, сумуючи табором.

Il errait sans cesse ou restait assis, immobile, perdu dans ses pensées.
Він неспокійно блукав або сидів нерухомо, заглиблений у важкі думки.

Il connaissait la mort, la fin de la vie, la disparition de tout mouvement.
Він знав смерть; кінець життя; зникнення будь-якого руху.

Il comprit que John Thornton était parti et ne reviendrait jamais.
Він розумів, що Джона Торнтона більше немає і він ніколи не повернеться.

La perte a laissé en lui un vide qui palpitait comme la faim.
Втрата залишила в ньому порожнечу, що пульсувала, немов голод.

Mais c'était une faim que la nourriture ne pouvait apaiser, peu importe la quantité qu'il mangeait.
Але це був голод, який їжа не могла вгамувати, скільки б він не їв.

Parfois, alors qu'il regardait les Yeehats morts, la douleur s'estompait.
Часом, коли він дивився на мертвих йіхатів, біль зникав.

Et puis une étrange fierté monta en lui, féroce et complète.
І тоді всередині нього піднялася дивна гордість, люта та безмежна.

Il avait tué l'homme, le gibier le plus élevé et le plus dangereux de tous.
Він убив людину, це була найвища та найнебезпечніша дичина з усіх.

Il avait tué au mépris de l'ancienne loi du gourdin et des crocs.
Він убив, порушуючи стародавній закон палиці та ікла.

Buck renifla leurs corps sans vie, curieux et pensif.
Бак обнюхав їхні безжиттєві тіла, з цікавістю та задумою.
Ils étaient morts si facilement, bien plus facilement qu'un husky dans un combat.
Вони померли так легко — набагато легше, ніж хаскі в бійці.
Sans leurs armes, ils n'avaient aucune véritable force ni menace.
Без зброї вони не мали справжньої сили чи загрози.
Buck n'aurait plus jamais peur d'eux, à moins qu'ils ne soient armés.
Бак більше ніколи їх не боятиметься, хіба що вони будуть озброєні.
Ce n'est que lorsqu'ils portaient des gourdins, des lances ou des flèches qu'il se méfiait.
Він був обережним лише тоді, коли вони носили палиці, списи чи стріли.

La nuit tomba et une pleine lune se leva au-dessus de la cime des arbres.
Настала ніч, і повний місяць зійшов високо над верхівками дерев.
La pâle lumière de la lune baignait la terre d'une douce lueur fantomatique, comme le jour.
Бліде світло місяця заливало землю м'яким, примарним сяйвом, подібним до денного.
Alors que la nuit s'approfondissait, Buck pleurait toujours au bord de la piscine silencieuse.
Коли ніч згущалася, Бак все ще сумував біля мовчазної ставкової затоки.
Puis il prit conscience d'un autre mouvement dans la forêt.
Потім він почув якийсь інший шепіт у лісі.
L'agitation ne venait pas des Yeehats, mais de quelque chose de plus ancien et de plus profond.
Ворушіння йшло не від Йіхатів, а від чогось давнішого та глибшого.

Il se leva, les oreilles dressées, le nez testant la brise avec précaution.
Він підвівся, задерши вуха, обережно принюхавшись носом до вітерця.

De loin, un cri faible et aigu perça le silence.
Здалеку долинув слабкий, різкий крик, що прорізав тишу.

Puis un chœur de cris similaires suivit de près le premier.
Потім одразу за першим пролунав хор подібних криків.

Le bruit se rapprochait, devenant plus fort à chaque instant qui passait.
Звук наближався, з кожною миттю ставав голоснішим.

Buck connaissait ce cri : il venait de cet autre monde dans sa mémoire.
Бак знав цей крик — він лунав з того іншого світу в його пам'яті.

Il se dirigea vers le centre de l'espace ouvert et écouta attentivement.
Він підійшов до центру відкритого простору й уважно прислухався.

L'appel retentit, multiple et plus puissant que jamais.
Дзвінок пролунав, багатоголосний і потужніший, ніж будь-коли.

Et maintenant, plus que jamais, Buck était prêt à répondre à son appel.
І тепер, як ніколи раніше, Бак був готовий відповісти на своє покликання.

John Thornton était mort et il ne lui restait plus aucun lien avec l'homme.
Джон Торнтон помер, і в ньому не залишилося жодного зв'язку з людиною.

L'homme et toutes ses prétentions avaient disparu : il était enfin libre.
Людина і всі людські претензії зникли — він нарешті став вільним.

La meute de loups chassait de la viande comme les Yeehats l'avaient fait autrefois.
Вовча зграя ганялася за м'ясом, як колись йіхати.

Ils avaient suivi les orignaux depuis les terres boisées.
Вони переслідували лосів з лісистих угідь.
Maintenant, sauvages et affamés de proies, ils traversèrent sa vallée.
Тепер, дикі та спраглі здобичі, вони перейшли в його долину.
Ils arrivèrent dans la clairière éclairée par la lune, coulant comme de l'eau argentée.
На залиту місячним сяйвом галявину вони вийшли, текучи, немов срібна вода.
Buck se tenait immobile au centre, les attendant.
Бак стояв нерухомо посеред, чекаючи на них.
Sa présence calme et imposante a stupéfié la meute et l'a plongée dans un bref silence.
Його спокійна, велика присутність приголомшила зграю, і вона на мить змусила її мовчати.
Alors le loup le plus audacieux sauta droit sur lui sans hésitation.
Тоді найсміливіший вовк без вагань стрибнув прямо на нього.
Buck frappa vite et brisa le cou du loup d'un seul coup.
Бак завдав швидкого удару та зламав вовкові шию одним ударом.
Il resta immobile à nouveau tandis que le loup mourant se tordait derrière lui.
Він знову завмер, поки вмираючий вовк виляв позаду нього.
Trois autres loups ont attaqué rapidement, l'un après l'autre.
Ще три вовки швидко напали, один за одним.
Chacun d'eux s'est retiré en sang, la gorge ou les épaules tranchées.
Кожен відступив, стікаючи кров'ю, з порізаними горлами або плечима.
Cela a suffi à déclencher une charge sauvage de toute la meute.
Цього було достатньо, щоб вся зграя кинулася в шалену атаку.

Ils se précipitèrent ensemble, trop impatients et trop nombreux pour bien frapper.
Вони кинулися разом, надто нетерплячі та скупчені, щоб добре вдарити.
La vitesse et l'habileté de Buck lui ont permis de rester en tête de l'attaque.
Швидкість та майстерність Бака дозволили йому випередити атаку.
Il tournait sur ses pattes arrière, claquant et frappant dans toutes les directions.
Він крутився на задніх лапах, клацаючи крилами та б'ючись у всі боки.
Pour les loups, cela donnait l'impression que sa défense ne s'était jamais ouverte ou n'avait jamais faibli.
Вовкам здавалося, що його захист ніколи не відкривався і не хитався.
Il s'est retourné et a frappé si vite qu'ils ne pouvaient pas passer derrière lui.
Він розвернувся і замахнувся так швидко, що вони не змогли відійти від нього.
Néanmoins, leur nombre l'obligea à céder du terrain et à reculer.
Однак їхня кількість змусила його поступитися та відступити.
Il passa devant la piscine et descendit dans le lit rocheux du ruisseau.
Він пройшов повз ставок і спустився в кам'янисте русло струмка.
Là, il se heurta à un talus abrupt de gravier et de terre.
Там він натрапив на крутий берег з гравію та землі.
Il s'est retrouvé coincé dans un coin coupé lors des fouilles des mineurs.
Він пробрався в кутовий виріз під час старої копальної роботи шахтарів.
Désormais protégé sur trois côtés, Buck ne faisait face qu'au loup de devant.

Тепер, захищений з трьох боків, Бак стояв проти лише переднього вовка.

Là, il se tenait à distance, prêt pour la prochaine vague d'assaut.

Там він стояв осторонь, готовий до наступної хвилі штурму.

Buck a tenu bon si farouchement que les loups ont reculé.

Бак так завзято тримався на своєму, що вовки відступили.

Au bout d'une demi-heure, ils étaient épuisés et visiblement vaincus.

Через півгодини вони були виснажені та помітно розбиті.

Leurs langues pendaient, leurs crocs blancs brillaient au clair de lune.

Їхні язики звисали, а білі ікла блищали у місячному світлі.

Certains loups se sont couchés, la tête levée, les oreilles dressées vers Buck.

Кілька вовків лягли, піднявши голови та нашорошивши вуха до Бака.

D'autres restaient immobiles, vigilants et observant chacun de ses mouvements.

Інші стояли нерухомо, пильно стежачи за кожним його рухом.

Quelques-uns se sont dirigés vers la piscine et ont bu de l'eau froide.

Кілька людей підійшли до басейну та напилися холодної води.

Puis un loup gris, long et maigre, s'avança doucement.

Потім один довгий, худий сірий вовк тихо підкрався вперед.

Buck le reconnut : c'était le frère sauvage de tout à l'heure.

Бак упізнав його — це був той самий дикий брат з минулого.

Le loup gris gémit doucement, et Buck répondit par un gémissement.

Сірий вовк тихо заскиглив, і Бак відповів йому скиглинням.

Ils se touchèrent le nez, tranquillement et sans menace ni peur.
Вони торкнулися носами, тихо, без погрози чи страху.
Ensuite est arrivé un loup plus âgé, maigre et marqué par de nombreuses batailles.
Далі йшов старий вовк, виснажений і пошрамований від численних битв.
Buck commença à grogner, mais s'arrêta et renifla le nez du vieux loup.
Бак почав гарчати, але зупинився і понюхав ніс старого вовка.
Le vieux s'assit, leva le nez et hurla à la lune.
Старий сів, задер носа і завив на місяць.
Le reste de la meute s'assit et se joignit au long hurlement.
Решта зграї сіла та приєдналася до протяжного виття.
Et maintenant, l'appel est venu à Buck, indubitable et fort.
І ось поклик пролунав до Бака, безпомилковий і сильний.
Il s'assit, leva la tête et hurla avec les autres.
Він сів, підняв голову та завив разом з іншими.
Lorsque les hurlements ont cessé, Buck est sorti de son abri rocheux.
Коли виття закінчилося, Бак вийшов зі свого кам'янистого укриття.
La meute se referma autour de lui, reniflant à la fois gentiment et avec prudence.
Зграя оточила його, обнюхуючи його водночас доброзичливо та обережно.
Les chefs ont alors poussé un cri et se sont précipités dans la forêt.
Тоді ватажки верещали та кинулися геть у ліс.
Les autres loups suivirent, hurlant en chœur, sauvages et rapides dans la nuit.
Інші вовки пішли за ними, гавкаючи хором, дико та швидко вночі.
Buck courait avec eux, à côté de son frère sauvage, hurlant en courant.
Бак біг з ними поруч зі своїм диким братом, виючи на бігу.

Ici, l'histoire de Buck fait bien de se terminer.
Тут історія Бака доречно завершується.

Dans les années qui suivirent, les Yeehats remarquèrent d'étranges loups.
У наступні роки йіхати помітили дивних вовків.

Certains avaient du brun sur la tête et le museau, du blanc sur la poitrine.
Деякі мали коричневе забарвлення на голові та мордочках, біле на грудях.

Mais plus encore, ils craignaient une silhouette fantomatique parmi les loups.
Але ще більше вони боялися примарної постаті серед вовків.

Ils parlaient à voix basse du Chien Fantôme, chef de la meute.
Вони пошепки розмовляли про Собаку-Привида, ватажка зграї.

Ce chien fantôme était plus rusé que le plus audacieux des chasseurs Yeehat.
Цей Пес-Привид був хитріший, ніж найсміливіший мисливець на йіхатів.

Le chien fantôme a volé dans les camps en plein hiver et a déchiré leurs pièges.
Собака-привид крав з таборів глибокої зими та розривав їхні пастки.

Le chien fantôme a tué leurs chiens et a échappé à leurs flèches sans laisser de trace.
Собака-привид убив їхніх собак і безслідно уникнув їхніх стріл.

Même leurs guerriers les plus courageux craignaient d'affronter cet esprit sauvage.
Навіть найхоробріші їхні воїни боялися зіткнутися з цим диким духом.

Non, l'histoire devient encore plus sombre à mesure que les années passent dans la nature.

Ні, історія стає ще темнішою, з роками, що минають у дикій природі.
Certains chasseurs disparaissent et ne reviennent jamais dans leurs camps éloignés.
Деякі мисливці зникають і ніколи не повертаються до своїх віддалених таборів.
D'autres sont retrouvés la gorge arrachée, tués dans la neige.
Інших знаходять із розірваним горлом, убитих у снігу.
Autour de leur corps se trouvent des traces plus grandes que celles que n'importe quel loup pourrait laisser.
Навколо їхніх тіл сліди — більші, ніж міг би залишити будь-який вовк.
Chaque automne, les Yeehats suivent la piste de l'élan.
Щоосені Йіхати йдуть слідами лося.
Mais ils évitent une vallée avec la peur profondément gravée dans leur cœur.
Але вони уникають однієї долини, бо страх глибоко закарбувався в їхніх серцях.
Ils disent que la vallée a été choisie par l'Esprit du Mal pour y vivre.
Кажуть, що долину обрав Злий Дух для свого дому.
Et quand l'histoire est racontée, certaines femmes pleurent près du feu.
І коли цю історію розповідають, деякі жінки плачуть біля вогню.
Mais en été, un visiteur vient dans cette vallée tranquille et sacrée.
Але влітку один відвідувач приїжджає до тієї тихої, священної долини.
Les Yeehats ne le connaissent pas et ne peuvent pas le comprendre.
Їхати не знають про нього та й не можуть зрозуміти.
Le loup est un grand loup, revêtu de gloire, comme aucun autre de son espèce.
Вовк — великий, укритий славою, не схожий на жодного іншого в своєму роді.

Lui seul traverse le bois vert et entre dans la clairière de la forêt.
Він один переходить через зелений ліс і виходить на лісову галявину.
Là, la poussière dorée des sacs en peau d'élan s'infiltre dans le sol.
Там золотий пил з мішків зі шкіри лося просочується в ґрунт.
L'herbe et les vieilles feuilles ont caché le jaune du soleil.
Трава та старе листя сховали жовтий колір від сонця.
Ici, le loup se tient en silence, réfléchissant et se souvenant.
Ось вовк стоїть мовчки, думає та згадує.
Il hurle une fois, longuement et tristement, avant de se retourner pour partir.
Він виє один раз — довго та тужливо — перш ніж повертається, щоб піти.
Mais il n'est pas toujours seul au pays du froid et de la neige.
Однак він не завжди один у країні холоду та снігу.
Quand les longues nuits d'hiver descendent sur les basses vallées.
Коли довгі зимові ночі опускаються на нижні долини.
Quand les loups suivent le gibier à travers le clair de lune et le gel.
Коли вовки переслідують дичину крізь місячне світло та мороз.
Puis il court en tête du peloton, sautant haut et sauvagement.
Потім він біжить на чолі зграї, високо та шалено стрибаючи.
Sa silhouette domine les autres, sa gorge est animée par le chant.
Його постать височіє над іншими, а горло ожило від пісні.
C'est le chant du monde plus jeune, la voix de la meute.
Це пісня молодого світу, голос зграї.
Il chante en courant, fort, libre et toujours sauvage.
Він співає, бігаючи — сильний, вільний і вічно дикий.

www.tranzlaty.com

www.ingramcontent.com/pod-product-compliance
Lightning Source LLC
Chambersburg PA
CBHW010030040426
42333CB00048B/2783